UNIVERSITÉ DE FRANCE.

FACULTÉ DE THÉOLOGIE PROTESTANTE DE STRASBOURG.

EXPOSÉ CRITIQUE

DE LA PHILOSOPHIE DE LA RELIGION

DE KANT.

55A

THÈSE

PRÉSENTÉE

A LA FACULTÉ DE THÉOLOGIE PROTESTANTE,

ET SOUTENUE PUBLIQUEMENT

POUR OBTENIR LE GRADE DE BACHELIER EN THÉOLOGIE,

Le lundi 24 novembre 1845, à 5 heures du soir,

PAR

TIMOTHÉE COLANY,

DE LEMÉ (DÉPARTEMENT DE L'AISNE),

BACHELIER ÈS LETTRES.

STRASBOURG,

De l'imprimerie de V.e Berger-Levrault, imprimeur de l'Académie.

1845.

A

M. EDMOND SCHERER,

Docteur en théologie.

Témoignage d'affection.

FACULTÉ DE THÉOLOGIE DE STRASBOURG.

———

M. Bruch, Doyen de la Faculté.

MM. Bruch
     Richard
     Fritz
     Jung   } Professeurs de la Faculté.
     Reuss
     Schmidt

———

M. Richard, Président de la soutenance.

MM. Richard
     Fritz   } Examinateurs.
     Jung

———

La soutenance aura lieu à l'Académie, salle des actes de la Faculté.

———

La Faculté n'entend approuver ni désapprouver les opinions particulières au Candidat.

EXPOSÉ CRITIQUE
DE LA PHILOSOPHIE DE LA RELIGION
DE KANT.

AVANT-PROPOS.

Ce n'est pas sans une certaine timidité que j'aborde le vaste et difficile sujet que je me suis proposé de traiter. Il s'agit de reproduire les
idées du plus grand des philosophes modernes sur la religion, sur les
graves problèmes qui de tout temps ont agité l'esprit humain. Mon exposé,
pour être vraiment scientifique, doit être critique; il faut donc qu'avec
mes faibles forces je m'érige en juge sur celui que tous les penseurs de
notre siècle reconnaissent pour leur maître. Enfin, ce qui aurait encore
pu me décourager, c'est que cette partie du système kantien n'a encore
jamais été traitée d'une manière tant soit peu complète. Elle est presque
entièrement passée sous silence dans les ouvrages spéciaux sur la philosophie allemande. Rosenkranz l'expose fort à la légère dans son spirituel
livre sur Kant, et parmi les théologiens je ne peux guère citer que
Dorner, qui, dans son Histoire du dogme de la personne de Christ, donne
un résumé peu exact d'un point particulier de cette philosophie de la
religion, et Baur, de Tubingue, dont les savants et profonds ouvrages
s'occupent plusieurs fois de Kant, et presque toujours avec une grande
connaissance de cause et avec beaucoup de sagacité.

Cependant si ce sujet est difficile, il est d'un autre côté plein d'intérêt.
Kant, tout le monde le répète à l'envie, est le père de la philosophie
moderne allemande... Mais les éléments destructifs de cette philosophie,
tels qu'ils se sont montrés au jour chez la gauche hégélienne, se trouvent-
ils déjà chez le sage de Königsberg? — La théologie soupire après une
nouvelle philosophie, et tout penseur indépendant s'aperçoit que la

royauté de Hegel est menacée de plus d'un côté... Cette nouvelle philosophie, qui doit triompher de l'ancienne, peut-elle s'appuyer sur Kant, ou bien faut-il qu'elle remonte plus haut encore pour trouver un allié?

Une autre question devait aussi m'amener à étudier cette philosophie de la religion. Le rationalisme, qui fait de nos jours dans les classes à demi lettrées de faciles conquêtes, est sans doute descendu, pour n'y plus remonter, du domaine de la science; mais il a toujours encore une valeur historique. Je m'étais souvent demandé comment un système qui repose sur une triste équivoque, a pu régner si longtemps chez des théologiens savants, pieux et pleins de talent. Quelle est l'origine des principes du rationalisme? d'où vient-il? où tend-il? — L'étude de Kant pouvait seule me faire trouver une réponse satisfaisante.

Tels sont les motifs qui m'ont décidé à traiter cette partie de l'histoire de la philosophie. Je sens parfaitement que je suis resté fort au-dessous de l'idée que je me fais d'un pareil exposé critique; je crois cependant pouvoir espérer que mes juges reconnaîtront dans cette dissertation académique des traces d'un travail consciencieux, et peut-être aussi de quelque indépendance de jugement.

Comme il est impossible de comprendre une philosophie, et surtout de saisir son importance dans le développement de l'esprit humain, sans connaître ce qui existait avant elle, je fais précéder mon exposé d'une introduction historique sur la théologie et la philosophie au XVI.ᵉ et au XVII.ᵉ siècle, et sur la révolution théologique du XVIII.ᵉ Je termine tout mon travail par quelques pages sur l'influence que Kant a exercée sur la théologie.

INTRODUCTION HISTORIQUE.

CHAPITRE PREMIER.

La théologie et la philosophie au XVI.e et au XVII.e siècle.

I. LA THÉOLOGIE.

§. 1.er

Le christianisme fut avant tout un fait historique. L'esprit humain, en admettant ce fait, sentit immédiatement le besoin de se rendre compte de l'importance qu'il y attachait, et de formuler, avec l'aide de la raison, les conséquences qu'il en tirait pour ses rapports avec la divinité. La *patristique* fut l'époque de la détermination symbolique des dogmes; Isidore de Séville et Jean de Damas la consignèrent dans leurs vastes collections.

Après dix siècles d'existence, le christianisme put se présenter non plus comme simple fait historique, mais sous la forme traditionnelle comme dogme. Il s'agit dès lors, pour la réflexion scientifique, d'en former un organisme philosophique. Le fond du système se composa des croyances élaborées dans la période précédente, et conservées par l'Église; la forme, également donnée, imposée, fut l'Organon d'Aristote. Le système *scholastique* fut donc complétement objectif et extérieur : on ne pouvait arriver à l'Évangile que par *le philosophe*, et à Dieu que par le pape.

Les abus de ce catholicisme du moyen âge durent nécessairement se faire d'abord sentir dans le domaine religieux, et dans ce que ce domaine a de plus individuel, de plus subjectif, dans le dogme de la justification. L'*opus operatum*, conséquence nécessaire du scholasticisme, se montra sous une forme trop hideuse dans les indulgences de Tetzel, pour que la conscience morale de tout chrétien n'en fût indignée, pour que l'individu n'allât pas réclamer hautement ses droits d'individu, ses droits d'être personnellement en rapport avec son Dieu. Tout l'écha-faudage d'une Église médiatrice, tout le matérialisme d'une religion et d'une philosophie étrangères au *moi*, fut ébranlé à la voix puissante du moine de Wittenberg. L'esprit moderne proclama que la religion est faite pour l'homme, et non l'homme pour la religion.

Cependant, qu'on ne s'y trompe pas; l'œuvre réformatrice, devenue timide à la vue des conséquences de l'anabaptisme, s'arrêta en chemin, et, cessant de soumettre le fait du christianisme à l'examen du sujet, elle n'osa, ni pour le contenu ni pour la méthode, aller jusqu'au bout. Le seul dogme que l'on réforma fut précisément celui de la justification et de la grâce. Quant aux autres, on les adopta sans changement. A la vérité, on n'y attacha pas d'abord une grande importance, et Luther, par exemple, recommande au peuple de croire à la Trinité, à peu près comme il lui conseille de lire dans les Apocryphes, « livres bons et utiles » (*cf.* Baur, *Dreieinigkeit*, III, p. 21, *sq.*, note); mais, plus tard, lorsque le protestantisme se fut matérialisé, on y tint tout autant qu'au dogme protestant par excellence. — Pour la méthode et pour la source de la foi on se soumit bientôt à une autorité extérieure, objective, et cela par pur protestantisme. En effet, puisque chaque individu a le droit, ou plutôt le devoir, de se mettre directement en rapport avec Dieu, il ne doit se soumettre qu'à ce que Dieu lui-même a prononcé, c'est-à-dire, à la Parole de Dieu, à la Bible. La réformation s'arrêta à moitié chemin et n'examina pas si la Bible est la Parole de Dieu.

Le protestantisme se matérialisa, et il se forma, au seizième et au dix-septième siècle, une scholastique tout aussi extérieure et objective que l'avait été celle du moyen âge. Ce système d'orthodoxie se composait du dogme protestant de la justification, joint sans critique et sans lien aux anciens dogmes catholiques. L'exégèse sur laquelle la dogmatique prétendait reposer, ne s'occupait plus que des *dicta probantia*; elle était devenue traditionnelle, et ne consistait guère qu'en une application forcée de la parole vivante de la Bible aux exigences de la formule symbolique. Sans doute, quelques partis protestants, les Sociniens surtout, osèrent porter une main réformatrice sur les restes de l'ancien système; mais, d'une part, ils le firent avec bien peu de bonheur et avec un arbitraire exégétique sans exemple, et de l'autre ils furent accusés de sacrilége par l'orthodoxie ecclésiastique, qui aurait pourtant dû, conformément à son principe, reconnaître la légitimité de pareilles recherches.

Bientôt, ne pouvant plus rien ajouter aux mille subtilités de leur dogmatique, les orthodoxes ne surent plus remplir leurs immenses et innombrables in-folios que par la polémique contre tout essai de réforme. Cette polémique, qui commença déjà du temps de Mélanchthon, respirait la *rabies theologica* la plus violente et la plus effrénée. Les sermons mêmes en étaient infectés, et le peuple n'entendait plus que de virulentes réfutations des odieuses hérésies des crypto-calvinistes, des synergistes, des syncrétistes.... Une réforme était devenue indispensable.

II. LA PHILOSOPHIE DANS SES RAPPORTS AVEC LA THÉOLOGIE.

§. 2.

A. *Le dualisme de la foi et de la raison.*

Au moyen âge la philosophie, placée sous le joug d'un système extérieur, n'avait été en outre que la servante de la théologie de l'Église. Une fois que la réformation religieuse eut brisé l'autorité ecclésiastique et dogmatique, il va sans dire que la philosophie aussi se trouva libre et put réclamer l'exercice individuel et subjectif de la raison; seulement cette révolution dut, par la nature même des choses, tarder plus longtemps que la première. Enfin elle se fit. Après plusieurs hardis précurseurs le véritable réformateur de la philosophie parut : ce fut Descartes. Tout comme le théologien allemand avait rompu avec Rome, se fondant sur les contradictions des papes et des conciles, le philosophe français rompit avec tous les préjugés de l'éducation qui l'avaient si souvent induit en erreur. Le premier en appelle de l'autorité de l'Église à la conscience des chrétiens; le second ne veut croire à sa propre existence, que parce qu'il *pense : Wenn es bei Cartesius heisst : ich denke, ich bin, das heisst mein Denken ist mein Sein, so heisst es dagegen bei Luther : mein Glauben ist mein Sein. Wie jener die Einheit von Denken und Sein und als diese Einheit den Geist, dessen Sein nur das Denken ist, erkennt und als Princip der Philosophie sezt, so erfasst dagegen dieser die Einheit von Glauben und Sein, und spricht diese als Religion aus»* (Feuerbach, *Gesch. der neuern Philosophie*, 1833, p. 22). Descartes a même en ce sens un avantage sur Luther, qu'il sait parfaitement bien ce qu'il se propose et où il en veut venir, tandis que le grand réformateur fut entraîné malgré lui et peu à peu, par la force des circonstances, dans sa lutte contre le colosse romain, sans qu'il se rendît nettement compte de sa mission. Voici ce que Descartes dit sur son but : *Nihil melius facere me posse arbitrabar, quam si omnes opiniones simul et semel a mente mea delerem, ut deinde vel alias meliores, vel certe easdem, sed postquam maturæ rationis examen subiissent, admitterem* (*De methodo*, p. 11, de l'édit. de 1650). Il n'admettra donc que ce qui soutient l'examen de la raison, c'est-à-dire, sans doute, ce qui est en rapport avec elle, ce qui est postulé par elle. Mais, malgré cette souveraineté absolue de la raison, à laquelle il ne reste d'ailleurs pas toujours fidèle dans la série de ses déductions, Descartes n'entend pas se mettre en contradiction avec la Foi et l'Église; il termine ses *Principia philosophiæ* par ces étranges paroles : *Hæc omnia Ecclesiæ Catholicæ auctoritati submitto.* Comment pouvait-il commettre cette inconséquence, demandera-t-on. Mais tout naturellement : Dieu est infini, nous sommes finis; nous ne pouvons donc le connaître qu'en tant qu'il se révèle, et notre raison doit se soumettre à cette révélation (cf. *Princ. philos.*, I, 24).

Cette déclaration de la philosophie était une bonne fortune pour l'Église. On alla même plus loin encore; on prit au sérieux cette abdication de la raison. On prouva par les armes du scepticisme l'impuissance de cette faculté, et tout cela *ad majorem fidei gloriam*. Descartes avait soumis la philosophie au jugement de l'Église: Hirnhaim (†1679) s'écrie en triomphe que l'Église et la Foi la condamnent; il réfute les axiomes de la raison par les miracles de la révélation, — arme dangereuse s'il en fût jamais : *In rerum creatione falsificatum est illud axioma : ex nihilo nil fit. In Verbi æterni incarnatione fatua ostensa est eorundem doctrina, qua docebant, Deum corpore nullatenus esse arctabilem. Per miracula Christi, cæcos, etc., restituentis, confusa est certitudo illius axiomatis : a privatione ad habitum non fit regressus, etc. (De typho generis humani; cap.* III, *p.* 22, *seq., Pragæ,* 1676, in-4.°[1]). Pascal († 1662) se moque de la philosophie pour vraiment philosopher ; il déclare que, quand même elle aurait raison, il n'estime pas qu'elle vaille une heure de peine (*Pensées,* partie I, art. X, 36, et partie II, art. XVII, à la fin). Le savant évêque d'Avranches, Huet (1630 - 1721), dans son *Traité philosophique de la faiblesse de l'esprit humain* (ouvrage posthume, Amsterd. 1723), commence par prouver sa thèse par plusieurs arguments rationnels ; puis il loue Dieu qui, « par sa bonté, répare ce défaut de la raison humaine en nous accordant le don inestimable de la Foi. » Vous demanderez peut-être pourquoi Dieu ne nous a donné qu'une raison « aveugle et hébétée » au lieu d'une intelligence « perspicace et certaine ; » c'est que Dieu veut *salutem nostram gratiæ suæ donum esse, et fidei nostræ fructum,* et il craint *ne manifestam sacrorum mysteriorum notitiam ratione adepti, fidem aspernemur* (*Demonstratio evangelica, Leipz.,* 1694, in-4.° ; *præf., p.* 8). Nous avons donc deux sources de connaissances, la raison et la foi : *obscura illa, anceps et falsa,... clara hæc, aperta et constans* (*ibid.*). *Plures sunt certitudinis gradus in rebus per rationem cognitis, quorum supremus, comparatus cum divina certitudine* [i. e *certitudine rerum per fidem cognitarum*], *infirmus est et imperfectus* (*Alnetanæ questiones de concordia rationis et fidei ; Leipz.* 1692, in-4.°, *cap.* I, *p.* 14). L'avantage est donc tout entier du côté de la Foi : *Fiunt certa per fidem, quæ ratio dubia effecerat* (*ibid., cap.* II,

---

1 Sur ce sceptique croyant et sur la plupart des suivants (auxquels il faut joindre le Vayer, † 1672, et l'Anglais Glanvil, † 1680), voy. Erdmann, *Geschichte der neuern Philosophie,* 1ster Bd., 2te Abth., p. 108, *sqq.*

p. 37). Il y a plus : « la foi seule confirme la raison chancelante »; la raison ne saurait exister sans la foi, tandis que la foi ne repose nullement sur la raison : *Fixum id ratumque esto, neque admittendam, neque retinendam fidem esse propter rationem, sed propter Deum* (*ibid., cap.* VI, *p.* 72).

Jusqu'ici, dans ce dualisme, la balance penche toujours du côté de la foi; mais le bassin qui contenait la raison devait bientôt se mettre à monter, et il y eut ainsi un instant où l'équilibre exista, équilibre apparent qui ne pouvait durer. C'est chez Bayle († 1706) que nous rencontrons cette étrange position des deux puissances antagonistes. Ce grand et sceptique savant prétend qu'il y a dualisme et contradiction absolue entre la raison et la foi, et que pourtant la foi n'a pas tort, quoiqu'elle soit absurde. « Il faut nécessairement opter entre la philosophie et l'Évangile. Si vous ne voulez rien croire que ce qui est évident et conforme aux notions communes, prenez la philosophie et quittez le christianisme; si vous voulez les mystères incompréhensibles de la religion, prenez le christianisme et quittez la philosophie; car de posséder ensemble l'évidence et l'incompréhensibilité, c'est ce qui ne se peut; la composition (réunion) de ces deux choses n'est guère moins impossible que la combinaison des commodités de la figure carrée et de figure ronde » (Dict. III, p. 3156, 2.ᵉ édit.; Amst. 1702). « Le mérite de la foi devient plus grand à proportion que la vérité révélée, qui en est l'objet, dépasse toutes les forces de notre esprit; car à mesure que l'incompréhensibilité de cet objet s'augmente, il nous faut sacrifier à l'autorité de Dieu une plus forte répugnance à croire » (*ibid.*). Ainsi, voilà bien la *raison* tout à fait en opposition avec la *foi;* et si l'on admet la foi, il faut supposer que notre raison est fausse et trompeuse. « Qui n'admirera, et qui ne déplorera la destinée de notre raison? Voilà, par exemple, les Manichéens qui, avec une hypothèse, expliquent les expériences cent fois mieux que ne le font les orthodoxes avec la supposition d'un premier principe infiniment bon et tout-puissant » (Art. *Pauliciens,* note *e*). Et pourtant l'hypothèse des premiers est « tout à fait absurde et contradictoire » (bien entendu du point de vue de la foi), tandis que la supposition des orthodoxes, quoiqu'elle n'explique rien, est «juste, nécessaire, uniquement véritable.»

Mais enfin, dira-t-on, pourquoi doit-on croire aux dogmes chrétiens? Eh bien, parce que ce sont des «vérités de fait, révélées clairement,» quoiqu'au bout du compte on doive accorder «qu'on n'en comprend point les causes ni les raisons» (Art. *Origine*, note KΔΔ); mais, que dire à un philosophe qui attaque ces dogmes? «Toute la dispute que les chrétiens peuvent admettre avec les philosophes, c'est sur cette question de fait, si l'Écriture a été composée par des auteurs inspirés de Dieu.» Si les preuves ne convainquent pas le philosophe, *adversus negantem principia non est disputandum* (III, p. 3153). Le résultat est donc à peu près le fameux *credo quia absurdum*. «Le caractère essentiel des mystères de l'Évangile est d'être un objet de foi, et non pas un objet de science : ils ne seraient plus des mystères sans cela» (I, p. 3141). «Il faut captiver son entendement sous l'obéissance de la foi, et ne jamais disputer sur de certaines choses» (Art. *Origine*, note F).

On a souvent prétendu que ce système de Bayle n'était qu'un masque pour attaquer la religion. Je ne suis nullement, pour ma part, admirateur du caractère peu élevé de l'auteur de tant de pamphlets anonymes et pseudonymes. Cependant, je ne saurais admettre cette accusation, par la simple raison que je n'en vois pas la nécessité, ni même la possibilité. On ne saurait, sans doute, nier que Bayle penche au fond pour la raison; il ne prétend pas, comme Huet, qu'elle est en contradiction avec elle-même; il la trouve raisonnable, tandis que les dogmes sont absurdes. Mais, d'un autre côté, il ne veut, il ne peut rejeter le système orthodoxe et la religion. Qu'on se rappelle donc de quel poids pèse sur l'esprit humain une autorité qui règne sans partage depuis des siècles. On ne maudit pas tout à coup ce qu'on a adoré pendant toute sa vie. Ce n'était pas seulement la crainte du peuple qui retenait dans le polythéisme Socrate et Platon; non, il y avait le joug de l'habitude; il y avait encore en eux une crainte des dieux dont ils ne se rendaient pas compte, une superstition dont ils ne pouvaient se débarrasser. Le doute vient avant l'incrédulité, et plutôt que de se jeter dans l'abîme encore inconnu de la négation et de l'impiété, Bayle se cramponne au rocher de la foi de ses pères. *Der Widerspruch des Glaubens und der Vernunft in Bayle hat eine tragische Wendung. Sein Zweifel ist Schicksal, ist die Macht, der Drang des Weltgeistes, gegen den die Penaten des Glaubens nichts vermögen. Er ist ein Freigeist aus Nothwendigkeit. Bei dem Heuchler ist das Aeussere im Widerspruch mit dem Innern; das Innere die Negation des Aeusseren, und umgekehrt. Aber Bayle war in sich selbst in Widerspruch mit sich. Er heuchelte nicht den Glauben; er glaubt wirklich; aber er glaubt im Widerspruch mit sich, mit seiner Natur, seinem Geiste* (Feuerbach, *P. Bayle*, 1838, p. 129).[1]

§. 3.

B. *La conformité de la foi avec la raison.*

Il n'y avait que deux voies possibles pour sortir du dualisme de Bayle, tout en restant fidèle au principe de la philosophie moderne. Ou bien, comme le fit Leibnitz, il fallait trouver dans la raison une place de réserve pour le dogme révélé, et montrer la conformité des deux sources de connaissances; ou bien on pouvait, avec Spinoza, exclure complétement la foi du domaine de la raison. Nous nous occuperons d'abord du premier de ces deux systèmes.

Leibnitz a formulé ses idées sur ce sujet dans sa polémique contre Bayle, et les a consignées surtout dans le *Discours de la conformité de*

---

1 Pascal diffère de Bayle en ce qu'il ne croit pas par habitude, mais par conviction et parce qu'il a éprouvé la puissance du christianisme. Mais chez lui la raison était forte aussi, et il sentait qu'elle le rendait sceptique; c'est pour cela qu'il cherche à la mortifier; il la craint et voit en elle une tentatrice plus dangereuse que la chair. Il doute, mais c'est à genoux, en croyant et priant; son scepticisme est plus tragique que celui de Bayle, qui au fond ne tenait pas excessivement à savoir s'il devait croire ou douter. Tous deux croient et doutent; mais Pascal sait qu'il croira toujours, tandis que Bayle s'aperçoit bien un peu qu'il finira par rejeter la foi.

la foi avec la raison, qui se trouve en tête de la *Théodicée* (2.ᵉ édit.; Amsterd., 1714).

Il proclame d'abord la souveraineté de la raison : «Aucun article de foi, dit-il, ne saurait être contraire à la raison, et bien loin qu'un dogme, combattu et convaincu par la raison, soit incompréhensible, l'on peut dire que rien n'est plus aisé à comprendre, ni plus manifeste que son *absurdité*..... Comme la raison est un don de Dieu aussi bien que la foi, leur combat ferait combattre Dieu contre Dieu; et si les objections de la raison contre quelque article de foi sont insolubles, il faudra dire que ce prétendu article sera faux et non révélé; ce sera une chimère de l'esprit humain, et le triomphe de cette foi pourra être comparé aux feux de joie que l'on fait après avoir été battu» (*l. c.*). «Sans cela, pourquoi préférerions-nous la Bible à l'Alcoran ou aux anciens livres des Bramines?» (Nouv. Essais, édit. Erdmann, p. 402.)

Leibnitz établit ainsi l'unité de l'esprit humain, et donne à la raison la suprématie, c'est-à-dire, le droit de critique, tandis que Bayle semblait toujours pencher pour la foi. Mais ce n'est là que le côté polémique de cette théorie, et nous devons encore en exposer la partie positive, et montrer comment Leibnitz explique la différence qui existe entre la religion et la philosophie. Commençons par définir les termes en question. «L'objet de la *foi* est la vérité que Dieu a révélée d'une manière extraordinaire, et la *raison* est l'enchaînement des vérités.» [La raison n'est donc pas «la faculté de raisonner bien ou mal,» mais «la droite et véritable raison dont il est impossible qu'elle nous trompe.» Il faut prendre d'ailleurs le mot de raison au sens propre, c'est-à-dire, «la raison pure et nue, *distinguée de l'expérience*, et qui n'a à faire qu'à des vérités indépendantes des sens.»] — «On peut comparer la foi avec l'expérience, puisque la foi, quant aux motifs qui la vérifient, dépend de l'expérience de ceux qui ont vu les miracles, à peu près comme nous nous fondons sur l'expérience de ceux qui ont vu la Chine et sur la crédibilité de leur rapport.» — Tout cela veut dire que l'homme a deux sources de connaissances : la raison pure, qui nous donne la philosophie, et l'expérience, qui nous procure les connaissances empiriques, physiques. La foi, étant la croyance à des faits historiques, s'obtient par cette seconde faculté, par l'expérience. Il s'ensuit, que la différence entre la raison et la foi est précisément la même que celle qui existe entre la raison et l'expérience.

Passons donc de l'examen des facultés de l'esprit humain à l'analyse des principes de la raison objective (divine). Il va sans dire qu'ici le mot « raison » est pris dans un sens plus large, et n'est plus opposé ni à l'expérience, ni à la foi. « Les vérités de la raison [objective] sont de deux sortes; les unes sont ce qu'on appelle les vérités *éternelles*, qui sont absolument nécessaires, en sorte que l'opposé implique contradiction, et telles sont les vérités dont la nécessité est logique, métaphysique ou géométrique, qu'on ne saurait nier sans pouvoir être mené à des absurdités [aussi sont-elles au-dessus de Dieu lui-même]. Il y a d'autres vérités qu'on peut appeler *positives*, parce qu'elles sont les lois qu'il a plu à Dieu de donner à la nature. » Ainsi, « les lois de la nature sont sujettes à la dispensation du législateur [de là la possibilité du miracle]; au lieu que les vérités éternelles, comme celles de la géométrie, sont tout à fait indispensables, et la foi ne saurait y être contraire.... La distinction qu'on a coutume de faire entre ce qui est *au-dessus* de la raison et ce qui est *contre* la raison, s'accorde assez avec la distinction qu'on vient de faire entre les deux espèces [de lois ou] de nécessités. » Une vérité est au-dessus de la raison, quand notre esprit (ou même tout esprit créé) ne la saurait comprendre. Mais une vérité ne saurait jamais être contre la raison, « car contre la raison sera tout sentiment qui est combattu par des raisons invincibles, ou bien dont le contradictoire peut être prouvé d'une manière exacte et solide. »

Voilà qui paraît bien clair au premier abord; mais un examen attentif de la question nous montrera tout l'arbitraire de ces distinctions. Commençons par la seconde, celle entre les lois éternelles et les lois positives. Nous avons dit que les lois positives sont « celles qu'il a plu à Dieu de donner à la nature. » Ce sont donc les lois que Dieu fixe librement, tandis que les autres lui sont imposées. Mais pourquoi Dieu a-t-il fixé de la

sorte les lois de la nature? «Par des considérations de convenance ....
et l'on peut dire que la *nécessité physique* est fondée sur la *nécessité
morale.*» La question se simplifie donc, et il ne s'agit plus que de savoir
quelle différence il y a pour Dieu entre la *nécessité géométrique* (*logique,
éternelle*) et la *nécessité morale*, ou de convenance. C'est précisément
sur ce point que roule la plus grande partie de la Théodicée; nous ne
pouvons donner que le résultat des recherches de Leibnitz. Nous avons
déjà vu que Dieu est soumis aux lois logiques. Quant à la nécessité morale, elle exige que tout être bon veuille le bien; or, comme Dieu est bon,
complétement bon, il est complétement *forcé* de vouloir le bien; il faut
qu'il veuille *antécédemment* le bien, et *conséquemment* le meilleur des
biens. C'est dire nettement que les lois morales sont au-dessus de Dieu, et
que Dieu y est soumis; c'est transporter en Dieu tout le déterminisme des
monades. Permis à Leibnitz d'appeler cela de la liberté; quant à nous il nous
est démontré que, dans son système, il n'y a aucune différence entre la
nécessité logique et la nécessité morale, que toutes deux sont nécessaires,
et que, par conséquent, il ne peut exister devant Dieu de miracles, de révélations, d'objets de la foi. — Mais ce n'est pas tout; pour l'homme aussi il ne
saurait plus y avoir de foi, de mystères, ni même d'expérience : puisqu'en
Dieu tout se fait nécessairement, l'homme peut savoir *a priori* ce que
Dieu fera. Leibnitz lui-même en convient, en partie du moins : «Nous
apprenons, dit-il, les lois physiques [c'est-à-dire, les lois que Dieu fixe
par nécessité morale], soit *a posteriori* par l'expérience, *soit aussi* **a priori**
par la raison, c'est-à-dire, par les considérations de la convenance qui
les ont fait choisir.» Ainsi donc la première distinction que Leibnitz
avait établie entre la raison pure et l'expérience ou la foi dans l'esprit
humain, cette première distinction est également sans valeur. Qu'on
n'aille pas dire que notre esprit, étant fini, ne reconnaît que l'action produite par la nécessité morale, sans pouvoir remonter à la cause efficiente.
Ce raisonnement prouve trop et conséquemment ne prouve rien; il s'applique, en effet, tout aussi bien aux vérités logiques, et puisque nous pouvons reconnaître celles-ci *a priori*, nous devons aussi pouvoir reconnaître

de même les vérités positives, qui, encore une fois, n'en diffèrent point. Il ne saurait donc y avoir ni objectivement, ni subjectivement, c'est-à-dire, ni pour Dieu, ni pour notre esprit, de distinction entre les vérités logiques et les vérités positives, — entre les vérités aprioristiques et les vérités expérimentales; il n'y a pas non plus à côté ou au-dessus de la raison une place réservée pour la foi; — la raison est tout en tout.

La théorie de Leibnitz est entachée d'un vice radical, et on peut être assuré que toutes les fois qu'on la retrouvera dans le cours de l'histoire de la philosophie, on la verra lutter en vain contre les systèmes plus conséquents qui rejetaient la foi; on la verra se débattre dans de creuses distinctions et de vides formules. Il en est déjà ainsi chez Leibnitz lui-même. Il se donne beaucoup de peine pour établir qu'on peut *expliquer* les mystères autant qu'il le faut pour les croire, mais qu'on ne saurait les *comprendre*, ni faire entendre *comment* ils arrivent. On ne peut donc pas les prouver *a priori*; on peut seulement chercher des *motifs de crédibilité* pour les *soutenir;* car ils doivent avoir plus qu'une *certitude morale*, sans cela ils seraient surmontés par des objections qui donneraient une *certitude absolue*, etc.

Nous n'irons pas rechercher dans le système des monades le secret de cette faiblesse de la théorie de Leibnitz, la cause de cette identification de la raison avec l'expérience, ou plutôt de cette négation de l'expérience. Nous nous contenterons de faire remarquer que *tout système qui pose en principe la souveraineté absolue de la raison, doit tomber dans le panthéisme :* la raison est tout en tout, l'homme est raison, donc l'homme pénètre tout, est tout. Un pareil système doit donc nier la liberté, ou (ce qui revient au même) l'expérience.

§. 4.

C. *L'exclusisme de la raison et la foi morale.*

Ce système de rationalisme pur ou de panthéisme avait déjà été formulé avant Bayle et Leibnitz, par un homme qui, se trouvant en dehors de l'Église, avait pu facilement se débarasser de l'autorité d'une foi extérieure. Spinoza avait osé, dès 1670, appliquer les principes de sa philosophie à la religion existante, dans son *Tractatus theologico-politicus, continens dissertationes aliquot quibus ostenditur libertatem philosophandi non tantum salva pietate et reipublicæ pace posse concedi, sed eandem nisi cum pace reipublicæ ipsaque pietate tolli non posse.* Ce titre n'indique pas tout le but de l'auteur. Spinoza ne se contente pas de réclamer une place pour la philosophie à côté de la religion; il soumet cette dernière au contrôle de la raison et lui fixe des limites.

Le système orthodoxe du XVII.ᵉ siècle plaçait dans son objectivité la religion en dehors du sujet : on était toujours encore sauvé par la foi; mais cette foi était la *fides quæ creditur*, et l'adhésion qu'on lui accordait ne différait guère de l'*opus operatum* du catholicisme. *Jam dudum,* dit Spinoza dans sa préface, *res eo pervenit, ut neminem fere, quisnam sit, num scilicet Christianus, Turca, Judæus, vel Ethnicus, noscere possis, nisi ex corporis interno habitu et cultu, vel quod hanc aut illam Ecclesiam frequentat, vel denique, quod huic aut illi opinioni addictus est, et in verba alicujus magistri jurare solet.* Et en quoi consistent ces *opinions*, cette foi qu'il faut croire? *Pietas, proh Deus immortalis, et religio absurdis arcanis consistit; et qui rationem prorsus contemnunt, et intellectum tanquam natura corruptum rejiciunt et aversantur, isti profecto divinum lumen habere creduntur.*

Cet état de choses engagea Spinoza à examiner le système. Tout l'échafaudage orthodoxe repose sur l'idée de révélation, sur la Bible. Spinoza soumet à la critique le mode de révélation ou la *prophétie*, le contenu de la révélation ou la *loi divine*, et enfin, les *miracles*, «*quibus solis revelationis certitudinem adstrui posse, omnibus fere christianis est persuasum.*» Notre philosophe, conformément à son système panthéiste, ne nie pas la divinité de la Bible : la Bible est divine, comme tout est divin, et tout est divin comme la Bible est divine; mais la prophétie, la loi divine et les miracles n'ont rien de *particulièrement* divin.

Prenons la prophétie : *Prophetia sive revelatio est rei alicujus certa cognitio a Deo hominibus revelata.* C'est là la définition orthodoxe ; mais Spinoza fait remarquer : *cognitionem naturalem prophetiam vocari posse ; nam ea, quæ lumine naturali cognoscimus, a sola Dei cognitione, ejusque æternis decretis dependent.* Ainsi donc, toute connaissance est, selon notre auteur, aussi élevée, aussi divine (*æquali jure divina*) que la révélation. On conçoit facilement que ses adversaires orthodoxes comprirent qu'il voulait dire que toute révélation est aussi peu divine, aussi mal assurée que toute autre connaissance. — Cependant, Spinoza distingue entre la *pensée*, révélation ordinaire, qui se fait d'après les règles de notre entendement, et la *prophétie* dans laquelle Dieu se révèle à notre *imagination*. Nous voyons dans la Bible que Dieu s'adressait à l'imagination des prophètes *vel verbis, vel figuris, vel utroque modo, verbis scilicet et figuris.* D'ailleurs, ces révélations étaient objectives ou subjectives : *Verba et etiam figuræ vel veræ fuerunt, et* extra imaginationem *prophetæ audientis seu videntis, vel* imaginariæ, *quia nimirum prophetæ imaginatio, etiam vigilando, ita disponebatur, ut sibi clare videretur verba audire, aut aliquid videre.* Dans les deux cas, la révélation venait de Dieu,... comme tout ce qui se fait vient de lui. — Toute la prophétie repose ainsi sur l'imagination, et pour être en état de recevoir des révélations de ce genre, il fallait *non perfectiorem mentem, sed vividiorem imaginationem.* La révélation n'augmentait donc pas les connaissances rationnelles des prophètes ; *prophetia nunquam prophetas doctiores reddidit.* Il y a même plus : Dieu, en se révélant, s'accommodait aux préjugés dont le prophète était imbu, au tempérament qu'il avait, à la disposition d'esprit et d'imagination dans laquelle il se trouvait, si bien, que les prophètes se contredisent plus d'une fois. — Mais, dira-t-on, si tout dans leurs révélations était subjectif et contingent, d'où vient leur assurance, leur certitude, *unde prophetis oriri potuit certitudo eorum, quæ tantum per imaginationem et non ex certis mentis principiis percipiebant ? Hæc certitudo,* répond Spinoza, *non mathematica (quæ ex necessitate perceptionis rei perceptæ aut visæ sequitur), sed tantum moralis erat.... Tota certitudo prophetica his tribus fun-*

dabatur : 1.° *quod res revelatas vividissime, ut nos vigilando ab objectis affecti solemus, imaginabantur*; 2.° *signo* [*quod pro opinionibus et capacitate prophetæ dabatur*]; 3.° *denique et præcipue quod animum ad solum æquum et bonum inclinatum habebant .... et Deus pios et electos nunquam decipit.*

Mais quel cas devons-nous faire des prophètes? quelle autorité faut-il leur accorder? *Concludimus nos prophetis nihil aliud teneri credere, præter id quod finis et substantia est revelationis ....*, c'est-à-dire, comme nous le verrons plus tard, le côté moral, l'obéissance envers Dieu, la piété, qu'ils recommandent constamment : c'est là la seule chose nécessaire. Quant aux autres, les prophètes pouvaient les ignorer, *salva pietate*, et ils les ignorèrent en effet.

Nous passons au second point : La loi enseignée dans l'Ancien Testament est-elle divine? En d'autres termes : les Juifs ont-ils été l'objet d'une vocation divine? Spinoza répond affirmativement aux deux questions : cette vocation, cette loi étaient divines, — divines comme tout est divin.

Cum nemo aliquid agat, nisi ex prædeterminato naturæ ordine, hoc est, ex Dei æterna directione et decreto, hinc sequitur, neminem sibi aliquam vivendi rationem eligere, neque aliquid efficere, nisi ex singulari Dei vocatione, qui hunc ad hoc opus, vel ad hanc vivendi rationem præ aliis elegit. Les Juifs ont donc le droit de se dire d'élection divine; mais notre philosophe ne trouve dans cette élection rien de particulièrement divin, et prétend qu'elle n'avait nullement un but religieux : *Hebræa natio, non ratione intellectus, neque animi tranquillitatis* [= *pietatis*] *a Deo præ ceteris electa fuit, sed ratione* societatis *et fortunæ, qua imperium adepta est quaque id ipsum tot annos retinuit .... Hebræi in hoc solo cæteras nationes excelluerunt, quod res suas, quæ ad vitæ securitatem pertinent, feliciter gesserunt.....* Ainsi donc, ce n'est pas un problème religieux que le peuple juif avait à résoudre dans l'histoire de l'humanité, mais un problème politique [1]. Aussi l'avantage

1 Le panthéisme moderne est plus juste; il reconnaît que l'idée représentée tout *particulièrement* par le peuple juif est une idée *religieuse*. Mais Strauss a parfaitement

moral ou religieux des Juifs est nul; leur vocation ne diffère de celle des autres peuples qu'en ce qu'ils sont *peut-être* la seule nation à qui Dieu ait donné des lois par le *mode prophétique*. Il va donc sans dire que la loi divine de l'Ancien Testament n'a aucun intérêt pour nous, excepté lorsqu'elle ordonne l'obéissance envers Dieu.

Quant au Nouveau Testament, son contenu est moral, religieux, et les apôtres n'ont pas seulement écrit comme prophètes, mais aussi comme docteurs; c'est pour cela même que leur doctrine ne peut pas différer de ce que nous enseigne la raison.

Il ne nous reste plus que la troisième question : le miracle est-il possible, et quelle en est l'importance?

Un miracle, c'est-à-dire un acte particulier de Dieu, est impossible à cause de l'immutabilité, de l'absoluité de la nature divine : *Ratio cur Deus* agit *et cur* existit *una eademque est. Ut ergo nullius finis causa existit, nullius finis causa agit (Eth.* IV, *præf.). Si Deus propter finem agit, aliquid necessario appetit quod caret (ibid,* I, *append.).* Il est donc impossible qu'il y ait un changement, qu'il y ait acte particulier de volonté en Dieu; or, comme les lois de la nature sont les décrets éternels de Dieu, sont Dieu même, il est impossible qu'un acte quelconque vienne les changer ou les suspendre.

Dans son *Tractatus,* au chapitre VI (*de miraculis),* Spinoza tire les conséquences de ces principes : *Cum nihil, nisi ex solo divino decreto necessario verum sit, hine clarissime sequitur, leges naturæ universales mera esse decreta Dei quæ ex necessitate et perfectione naturæ divinæ sequuntur. Si quid igitur in natura contingeret, quod ejus universalibus legibus repugnaret, id decreto et intellectui et naturæ divinæ necessario etiam repugnaret; aut si quis statueret Deum aliquid contra leges naturæ agere, is simul etiam cogeretur statuere Deum contra suam naturam agere, quo nihil absurdius. Clarissime sequitur, nomen miraculi non*

---

prouvé, contre Lange, que de son point de vue il peut accorder ce fait historique sans voir cependant rien de *particulièrement divin* dans la théocratie d'Israël (*Streitschriften,* 3*tes Heft, p.* 49, *sqq.*).

nisi respective ad hominum opiniones posse intelligi, et nihil aliud significare quam opus, cujus causam naturalem exemplo alterius rei solitæ explicare non possumus, vel saltem ipse non potest qui miraculum scribit aut narrat (p. 68, sq.).

Enfin, pour achever cette critique, Spinoza dit, que le miracle est non-seulement impossible, mais même *inutile*. Il démontre : *nos ex miraculis, nec existentiam et consequenter nec providentiam Dei posse cognoscere, sed hæc omnia longe melius percipi ex fixo et immutabili naturæ ordine.*

Il me semble impossible de nier, d'une part, que ces arguments de Spinoza résument tout ce que l'on a jamais fait valoir de plus solide contre la notion du miracle, et, de l'autre, qu'ils perdent toute leur force dès qu'on les sépare de leur base panthéiste.

Le Juif d'Amsterdam est donc tout à fait conséquent ici; mais il lui reste une grande tâche, celle qui a toujours embarrassé les adversaires du dogme orthodoxe, et que la *Vie de Jésus* de Strauss est consacrée toute entière à résoudre. Il s'agit d'expliquer les récits miraculeux de la Bible. Spinoza prétend : *Quando scriptura dicit, hoc vel illud a Deo, vel Dei voluntate factum, nihil aliud revera intelligere eam, quam quod id ipsum secundum leges et ordinem naturæ fuerit factum, non autem, ut vulgus opinatur, quod natura tamdiu cessavit agere, aut quod ejus ordo aliquamdiu interruptus fuit* (p. 75). Citons un ou deux exemples : *Ut Elisa puerum, qui mortuus credebatur, excitaret, aliquoties puero incumbere debuit, donec prius incaluerit et tandem oculos aperuerit; sic etiam in Evangelio Joannis, cap. IX, quædam narrantur circumstantiæ, quibus Christus usus est, ad sanandum cæcum, et sic alia multa in scripturis reperiuntur, quæ omnia satis ostendunt, miracula aliud quam absolutum, ut aiunt, mandatum requirere* (p. 76).

Ainsi donc, les faits racontés dans la Bible ne paraissent miraculeux que parce que le récit n'est pas complet; les auteurs sacrés oublient, dans la plupart des cas, de nous raconter les moyens dont on s'est servi pour accomplir ces actes. Aussi faut-il très-souvent *sous-*

entendre ces causes naturelles : Credendum, quamvis circumstantiæ
*miraculorum, eorumque naturales causæ non semper, neque omnes
enarrentur, miracula tamen non sine iisdem contigisse.* Quod etiam
constat ex Exod. XIV, 27, *ubi tantum narratur, quod ex solo nutu
Mosis mare iterum intumuit, nec ulla venti mentio fit.* Et tamen in
Cantico (XV, 10) *dicitur, id contigisse eo, quod Deus vento suo (i. e.
vento fortissimo) flaverit* (Ibid.).

Mais on pourra objecter qu'il y a cependant beaucoup de faits miraculeux dans la Bible, *quæ nullo modo per causas naturales videntur
posse explicari.* C'est vrai ; mais alors il faut se rappeler que *l'Écriture
s'accommode* à la manière de voir du vulgaire : *Scriptura res non docet
per proximas suas causas, sed tantum res eo ordine, iisque phrasibus
narrat, quibus maxime homines et præcipue plebem ad devotionem
movere potest, et, hac de causa, de Deo et de rebus admodum improprie
loquitur, quia nimirum non rationem convincere, sed hominum phan-
tasiam et imaginationem afficere et occupare studet.*

En troisième lieu il faut se rappeler que la Bible, écrite par des
Orientaux, contient une foule *d'images* et de *figures* qu'on ne saurait
prendre à la lettre.

Enfin, il s'agit de *distinguer le fait en lui-même de la manière dont
le témoin oculaire l'a envisagé, de séparer le fait objectif du récit subjectif :* Ad miracula scripturæ interpretandum et ex eorum narra-
tionibus intelligendum, quomodo ipsa revera contigerint, necesse est,
opiniones eorum scire, qui ipsa primo narraverunt et qui nobis ea
scripto reliquerint, et eas ab eo quod sensus iis repræsentare potuerunt
distinguere. Alias enim, eorum opiniones et judicia cum ipso miraculo,
prout revera contigit, confundimus* (p. 78).

La citation suivante résumera le but de cette herméneutique, et nous
montrera ce qu'il faut faire des récits qui ne veulent pas s'y soumettre :
*Absolute concludimus, omnia quæ in scriptura vere narrantur conti-
gisse, ea secundum leges naturæ ut omnia necessario contigisse, et si
quid reperiatur quod apodictice demonstrari potest, legibus naturæ*

repugnare, aut ex iis consequi non potuisse, plane credendum, id a sacri-
legiis hominibus sacris litteris adjectum fuisse : *quicquid* **enim** *contra
naturam est, id contra rationem est, et quod contra rationem, id absurdum est, ac proinde etiam refutandum* (p. 77). Voilà donc bien la raison
juge de la révélation! la voilà qui décrète qu'elle rejettera de la Bible,
comme n'en faisant point partie, tout ce qui prétendrait donner à la
Bible une position indépendante. Nous sommes arrivés à l'*exclusisme
complet de la raison.*

Ce n'est là toutefois qu'un côté du système de Spinoza. Ce philosophe
a, sans doute, enlevé à la religion la position objective qu'on lui avait
accordée vis-à-vis du sujet; il a prouvé que, si la révélation s'adresse à
l'entendement, à la raison, elle doit être soumise au contrôle de la raison.
Mais il n'a pas seulement démoli, il a essayé de reconstruire : il veut
trouver *dans le sujet,* et *en dehors de la raison,* une place indépendante
pour la religion. Il part de l'idée que la *religion ne saurait avoir qu'un
but moral.* La véritable foi ne comprend que les dogmes, sans lesquels
il serait impossible de mettre en pratique l'obéissance envers Dieu, premier devoir de l'homme. Spinoza prouve au chapitre xɪv : *Quod nihil
aliud sit fides quam de Deo talia sentire, quibus ignoratis tollitur erga
Deum obedientia et quæ, hac obedientia posita, necessario ponuntur....
Quæ autem ex eadem definitione sequuntur, paucis jam ostendam verbis.
Videlicet :* I. *fidem non per se, sed tantum ratione obedientiæ salutiferam esse, vel, ut ait Jacobus, fidem per se absque operibus mortuam
esse;* II. *sequitur, quod is, qui vere est obediens, necessario veram et
salutiferam habet fidem* (p. 161).

On le voit, c'est dans le sujet que se trouve la religion. C'est en
partant de la faculté religieuse [*fides qua creditur*] que l'on essaiera
désormais d'arriver aux dogmes [*fides quæ creditur*].

Quant à Spinoza, fidèle à l'idée purement morale et pratique qu'il se
fait de la religion, il postule les dogmes de sa religion naturelle au nom
de la loi morale. Il les a formulés dans la confession de foi suivante, qu'il
regarde comme pouvant seule convenir à une Église vraiment catholique.

(Il ajoute à chaque dogme un court développement moral, qui doit en prouver la nécessité, mais que nous avons pu retrancher plusieurs fois.) Il faut croire : I. *Deum, hoc est Ens supremum, summe justum et misericordem, sive veræ vitæ exemplar, existere; qui enim nescit, vel non credit, ipsum existere, ei obedire nequit, neque eum Judicem noscere.* II. *Eum esse unicum ..... III. Eum ubique esse præsentem vel omnia ipsi patere.... IV. Ipsum in omnia supremum habere jus et dominium,* nec *aliquid* jure *coactum*, sed ex absoluto beneplacito *et singulari* gratia *facere. Omnes enim ipsi absolute obedire tenentur, ipse autem nemini.* V. *Cultum Dei, ejusque obedientiam in sola justitia et charitate, sive amore erga proximum consistere.* VI. *Omnes qui hac vivendi ratione Deo obediunt, salvos tantum esse, reliquos autem, qui sub imperio voluptatum vivunt, perditos.... VII. Denique Deum pœnitentibus* peccata **condonare.** Nullus enim est qui non peccet; *si igitur hoc non statueretur, omnes de sua salutate desperarent, nec ulla esset ratio, cur Deum misericordem crederent; qui autem hoc firmiter credit, videlicet Deum* ex misericordia et gratia, *qua omnia dirigit, hominum peccata condonare, et hac de causa in Dei amore magis incenditur, is revera Christum secundum spiritum novit et Chritus in eo est.* — *Ceterum, quid Deus sive illud veræ vitæ exemplar sit (an scilicet sit ignis, spiritus, lux, cogitatio,* etc.), *id nihil ad fidem spectat* (p. 163 *sqq.*).

On voit que Spinoza a fait faire un grand pas à la philosophie de la religion. Il y a cependant deux points qu'il a traités assez légèrement et qui renferment, il me semble, tous les problèmes de cette partie de la science. Je veux parler, en premier lieu, des rapports de la faculté religieuse avec la raison (faculté logique). Spinoza identifie la première avec la faculté morale, et fait de la religion un postulat de la loi morale; mais il s'arrête là, et se contente de faire remarquer que la foi n'a rien à demêler avec la philosophie : *Fides summam unicuique libertatem ad philosophandum concedit* (p. 165). Il intitule son chapitre xv : *Nec theologiam rationi, nec rationem theologiæ ancillari.* Pour le prouver, il rappelle que la foi ne repose point sur la raison, mais sur un principe moral. — Fort bien; mais il oublie de nous montrer ce que peut être un principe moral dans son système de souveraineté absolue de la raison; il oublie ce qu'il dit dans son Éthique (IV, Prop. 28; cf. Prop. 27) : *Summum mentis bonum est Dei* **cognitio**, *et summa mentis virtus Deum* **cognoscere.** Or, si la plus grande vertu morale consiste dans la philosophie, je ne vois pas trop comment la religion, qui repose sur la morale, ne reposerait pas également sur la philosophie et ne se confondrait pas avec elle.

L'autre grande tâche, qu'il s'agissait de remplir, c'est l'application des principes aux religions positives, et surtout au dogme chrétien. Nous avons déjà vu que Spinoza soumet ce dernier à la critique de la raison, et qu'il ne le laisse pas subsister dans sa forme objective, orthodoxe. Mais malgré cela il prétend être chrétien, et même meilleur chrétien que ses adversaires ecclésiastiques. Il admet, sans le prouver, que l'Écriture sainte ou la religion chrétienne est une autorité, et il suppose, sans le prouver davantage, qu'elle enseigne son système de philosophie de la religion. *Quia obedientia erga Deum in solo amore proximi consistit, hinc sequitur, in scriptura nullam aliam scientiam commendari, quam quæ omnibus hominibus necessaria est, ut Deo secundum hoc præceptum obedire possint, et qua ignorata homines necessario debent esse contumaces, vel saltem sine disciplina obedientiæ; reliquas autem speculationes, quæ huc directe non tendunt, sive eæ circa Dei, sive circa rerum naturalium cognitionem versentur, scripturam non tangere, atque adeo a religione revelata esse separandas* (p. 154) [1]. — Il y a là un grand manque de logique; mais on peut bien le pardonner à Spinoza, quand on se rappelle qu'après lui tous les théologiens et beaucoup de philosophes du XVIII.ᵉ siècle et les rationalistes du XIX.ᵉ n'ont su que l'imiter dans ce cercle vicieux. — Il en est de même de la haute dignité qu'il accorde, sans en donner de raisons, à la personne de Jésus-Christ. Il voit dans

---

1 *Offenbar*, mutatis mutandis, *dieselbe Illusion wie bei den Theologen. Sie fanden in der Schrift was sie glaubten, er fand nicht was er nicht glaubte* (M. Reuss, *Gesch. der heil. Schriften*, N. T., §. 374).

le fondateur de l'Église chrétienne plus qu'un prophète, et il dit que Dieu communiquait immédiatement avec son esprit : *Dei placita, quæ homines ad salutem ducunt, sine verbis aut visionibus, sed immediate ei revelata sunt* (p. 7); pour que Jésus ait pu arriver à cette perfection, il faut qu'il ait eu *mentem humana longe præstantiorem.* — *Deus per mentem Christi sese apostolis manifestavit, ut olim Mosi mediante voce aërea. Et ideo vox Christi, sicut illa, quam Moses audiebat, vox Dei vocari potest. Et hoc sensu etiam dicere possumus, sapientiam Dei, hoc est, sapientiam quæ supra humanam est, naturam humanam in Christo assumpsisse, et Christum viam salutis fuisse* (*ibid.*). Ce n'est cependant pas la foi en sa personne historique, mais en sa personne idéale qui nous sauve. *Dico ad salutem non esse omnino necesse, Christum secundum carnem noscere; sed de æterno illo filio Dei, hoc est, Dei æterna sapientia, quæ sese in omnibus rebus, et maxime in mente humana, et omnium maxime in Christo Jesu manifestavit, longe aliter sentiendum. Nam nemo absque hac ad statum beatitudinis potest pervenire, utpote quæ sola docet, quid verum et falsum, bonum et malum sit. Et quia hæc sapientia per Jesum Christum maxime manifestata fuit, ideo ipsius discipuli eandem, quatenus ab ipso ipsis fuit revelata, prædicaverunt, seséque spiritu illo Christi supra reliquos gloriari posse ostenderunt. Cæterum quod quædam Ecclesiæ his addunt, quod Deus naturam humanam assumpserit, monui expresse, me quid dicant nescire; imo, ut verum fatear, non minus absurde mihi loqui videntur, quam si quis diceret, quod circulus naturam quadrati induerit* (*Epist. XXI, ad Oldenburg.*).

CHAPITRE II.

La révolution du XVIII.ᵉ siècle.

REMARQUE PRÉLIMINAIRE.

Nous avons vu au paragraphe précédent que Spinoza, après avoir pour ainsi dire fondé la philosophie de la religion, avait laissé à ses successeurs deux questions capitales à résoudre, celle de la nature de la faculté religieuse et celle des rapports de la religion positive avec la religion naturelle. On devrait donc s'attendre à voir le XVIII.ᵉ siècle s'appliquer, dès le commencement, à la solution de ces problèmes. Il n'en est cependant pas ainsi; pour trouver des progrès marquants dans la philosophie de la religion, il faut sauter de Spinoza à Kant. Le Spinozisme théologique ne fut qu'une prophétie; son auteur resta isolé : il avait devancé l'humanité, qui mit tout un siècle à parcourir la route qu'il lui avait tracée. La révolution du XVIII.ᵉ siècle, c'est-à-dire le XVIII.ᵉ siècle lui-même, est contenu tout entier dans Spinoza; aussi, quand nous parlons d'une révolution, il ne s'agit pas de l'entrée d'un principe nouveau dans l'histoire, mais de sa popularisation, de sa reconnaissance générale. — Le système théologique de Spinoza était composé de deux éléments, l'un négatif, l'autre positif. Spinoza, au nom des lois de la raison, critiquait et renversait le dogme orthodoxe; puis il s'appuyait sur le sentiment moral pour y édifier sa religion naturelle. Le XVIII.ᵉ siècle ne fait pas autre chose; le naturalisme d'une part, et le subjectivisme moral de l'autre, sont au fond de tout ce qu'il produit. Il ne diffère qu'en un point de son maître, c'est lorsqu'il substitue le raisonnement subjectif de l'individu athée aux lois éternelles du Dieu-nature panthéiste, ou bien encore, lorsqu'avec plus de conséquence il ne veut accorder aucune autorité à la Bible et à la personne de Jésus-Christ. On ne doit pas oublier d'ailleurs qu'en grande partie ses coryphées ne se sont trouvés dans aucun rapport *extérieur* avec Spinoza et ses écrits.

Nous pouvons distinguer dans le cours de cette révolution théologique du XVIII.ᵉ siècle : I. les premiers symptômes (piétisme et Wolffianisme); II. les agents de la dernière phase révolutionnaire (déisme anglais, philosophie française, lumières allemandes); et enfin III., cette dernière phase elle-même, ou l'accomplissement de la révolution représenté par Semler, le Fragmentiste et Lessing.

I. LES PREMIERS SYMPTÔMES DE LA RÉVOLUTION.

§. 5.

A. *Le piétisme.*

La réforme piétiste fut purement religieuse et indépendante de toute influence philosophique; elle n'en représente que plus fidèlement le subjectivisme moral et religieux du siècle. Réagissant contre l'objectivisme repoussant de l'orthodoxie, elle le remplaça bientôt; mais ce ne fut que pour se livrer, à peu d'exceptions près, à un ennemi plus puissant.

Elle fut le produit d'une de ces époques où l'individu, se repliant sur lui-même, ne prend intérêt qu'à ce qui peut lui être *utile*. Il veut "faire son salut *à sa façon*," et si l'état de choses existant ne lui procure pas ce qu'il désire, il se hâte de se séparer d'une société trop morte pour s'arranger d'après le bon plaisir d'un chacun. — Nous avons déjà vu (§. 1.er) que le système orthodoxe ne pouvait plus satisfaire les besoins religieux, et qu'un homme, comme Spener, par exemple, devait aller puiser à une autre source la paix dont son âme était avide. Cette source où la trouver? Dans la Bible? Oui, sans doute; mais dans la Bible interprétée par l'individu, et cet individu, qui y cherche ce que la dogmatique ne lui donne pas, verra dans chaque verset ce qu'il désire; son exégèse sera toute *pratique*. Cette préoccupation pratique devra nécessairement lui faire oublier, pour le moment, le système dogmatique; et comme, au bout du compte, l'individu est indifférent à l'égard de ce système, comme il n'y retrouve nullement la description de ce qu'il ressent, il ne le conservera que par habitude, et s'il se présente une occasion favorable de l'échanger contre une meilleure croyance, tout piétiste s'empressera d'en profiter. Ainsi donc le piétisme est au moins indifférent pour l'orthodoxie; il l'abandonnera facilement à la critique, et on comprend que Thomasius le protégeât, qu'Arnold crût au salut des païens par la foi au Christ intérieur, et que Mayer reprochât à Spener *einem Jeden die Freiheit zu geben, zu glauben was er wolle*.

Il va sans dire que le piétiste est également indifférent pour l'*Église*, forme concrète du dogme. Il veut qu'on lui parle de ses péchés et de la grâce offerte en Jésus-Christ, et il n'entend que des sermons polémiques, où manque la plus grande des trois vertus chrétiennes. Pour trouver la communion spirituelle qui lui convient, il ira former avec ses frères une *ecclesiola in ecclesia*. Cette tendance au séparatisme ne tient pas seulement à l'état accidentel de l'Église luthérienne à cette époque, mais aussi, et surtout, à l'étroit subjectivisme qui caractérise tout le siècle. Pour être chrétien, selon les piétistes, il fallait avoir passé par le même état d'âme qu'eux tous ; il fallait connaître l'heure de sa conversion (*Durchbruch*) : *Nach dem hallischen Bekehrungssystem muss die Veränderung des Herzens mit einem tiefen Schrecken über die Sünde anfangen ; das Herz muss in dieser Noth bald mehr, bald weniger die verschuldete Strafe erkennen, und den Vorschmack der Hölle kosten, der die Lust der Sünde verbittert. Endlich muss man eine sehr merkliche Versicherung der Gnade fühlen, die aber im Fortgange sich oft versteckt und mit Ernst wieder gesucht werden muss* (Göthe, *Bekenntnisse einer schönen Seele*). Cette étroitesse sectaire et fanatique du piétisme est certainement son côté faible ; mais c'est cependant aussi ce qui lui donna quelque force de résistance contre les mouvements postérieurs, et ce qui l'a fait durer jusqu'à nos jours [1]. C'est aussi ce qui explique la haine acharnée de Lange contre Wolff ; le piétisme, après avoir abandonné l'orthodoxie à la critique, se constituait lui-même en orthodoxie. Il se matérialisa même bientôt beaucoup plus que ne l'avait jamais fait l'ancien système. Renfermé dans son cercle étroit, il jeta l'anathème contre les bergers mercenaires qui n'étaient point nés de nouveau ; il décria tout ce que

---

1 Il va sans dire que je ne veux pas parler du mouvement religieux dont les partisans sont nommés *piétistes* à Berlin, *méthodistes* à Paris, *mômiers* à Lausanne. Ce mouvement, qui a sans doute plus d'une analogie avec le piétisme, devrait porter le nom de Réveil.

les mondains aimaient, et il n'y eut plus pour lui de plaisirs innocents. Il détesta la science. Oppressé par le terrible cauchemar du progrès de l'humanité, il tortura l'Apocalypse avec de longs et patients calculs, pour qu'elle lui déclarât dans combien d'instants il serait réveillé par la venue du Fils de l'homme, et combien de temps dureraient les noces de l'agneau. La douce piété de Spener se pétrifia par l'exagération avec laquelle on insista sur le péché originel et la mort expiatoire. La prière — ce qu'il y a de plus mystique, de plus profond, de plus vivant dans le christianisme — la prière fut soumise à des règles savamment étudiées, et l'on observa avec une précision mathématique l'exaucement matériel des demandes que l'on adressait au Dieu tout-puissant : *Sie haben ihre Mitgläubigen aufgefordert, Beispiele von wirklichen Gebetserhörungen bekannt zu machen, wahrscheinlich weil sie sich Brief und Siegel wünschten, um ihren Gegnern recht diplomatisch und juristisch zu Leibe zu gehen (Bek. einer schön. Seele).*

Les meilleurs esprits se dégoûtèrent d'une piété aussi peu religieuse, et furent, sans pouvoir résister, entraînés par le torrent du siècle vers l'incrédulité. Le triste état de l'Allemagne, en 1770, est dû, en grande partie, à cette étroitesse du piétisme. Il serait ridicule de vouloir le nier.

Un homme influent sut cependant, quoique sectaire, se tenir à égale distance de l'indifférentisme et du fanatisme, et stéréotypa dans l'Église de Herrnhut un piétisme plus conforme à l'esprit de Spener. Le comte de Zinzendorf, qui célébrait le *Tohu vehabohu von der gesammten Zunft der blutlichtscheuen Uhu*, et qui, languissant d'amour pour le Fils et son père, se cachait voluptueusement dans les cavités des plaies du crucifié; le comte ne pouvait pas exiger beaucoup de clarté et de précision dans la dogmatique, et se contentait d'un amour brûlant pour le Sauveur. Les diverses formes ecclésiastiques, les diverses Églises orthodoxes ne sont, selon lui, que différentes formes ou manières d'adorer Dieu en Jésus-Christ. Au-dessus de ces *tropes* plane la seule vérité nécessaire, la *fides salutifera.* — Il y a certainement une grande analogie entre cette *fides* de Zinzendorf et la religion naturelle de Spinoza qui est aussi seule nécessaire et qu'il nomme *la foi pure ;* toute la différence consiste en ce que, pour Spinoza, la foi pure n'est autre chose que la foi *rationnelle*, tandis que Zinzendorf ne reconnaît comme vrai que le culte *chrétien*.

§. 6.

B. *Le Wolffianisme.*

Dans la philosophie de la religion, Wolff est resté, en général, fidèle à la théorie de Leibnitz ; mais, tout en essayant d'affirmer l'autorité de la révélation, il se voit poussé par la conséquence inévitable de son système vers l'exclusisme de la raison, c'est-à-dire vers le Spinozisme théologique.

Leibnitz faisait reposer toute la logique « sur deux grands principes, celui de la *contradiction*, en vertu duquel nous jugeons faux ce qui en enveloppe, et vrai ce qui est opposé ou contradictoire au faux, et celui de la *raison suffisante*, d'après lequel une chose n'existe que lorsqu'il y a une raison pour qu'elle existe. » Le premier de ces principes implique la *possibilité* d'existence, et le second, *l'existence* elle-même. [De là les « deux sortes de vérités : celles de raisonnement et celles de fait ;" les unes « nécessaires ;" les autres « contingentes. »] (Voyez Monadologie, §§. 26, 32, *sq.*).

C'est sur cette distinction, que nous avons reconnue être sans fondement, que repose tout le système de Wolff. Pour lui, la philosophie (la philosophie *pure*) *est scientia possibilium quatenus esse possunt.* Mais à côté nous devrons avoir la science ou philosophie *empirique*, qui traite de l'*existence* des choses, et qui est *apostérioristique*. D'après la « superbe » définition de la philosophie pure, il ne peut y avoir d'objet *quod philosophicæ considerationis non sit.* Or, il n'existe au fond que trois objets : le monde, l'âme et Dieu. Nous aurons donc trois philosophies spéciales : la cosmologie, la psychologie, la théologie. Chacune d'elles aura une partie rationnelle et une partie empirique. Pour la théologie, la première se nomme théologie *naturelle ;* la seconde, théologie *révélée*.

Theologia naturalis est scientia eorum quæ per Deum possibilia sunt, c'est-à-dire, des attributs qui sont inhérents à l'idée de Dieu. Comme fort heureusement il se trouve qu'un de ces attributs est celui de l'existence, nous pouvons sortir des limites du possible, et parler, dans la théologie *naturelle*, de Dieu comme d'un être qui existe réellement. Ainsi donc, la tâche de cette partie de la science change un peu; elle ne se distingue plus de la théologie empirique ou révélée que par sa source, qui est *solum lumen naturale*. Cependant, d'un autre côté, elle reste toujours la science de tout ce que Dieu *peut* être; or, en Dieu sera tout ce qui n'est pas contradictoire et qui a une raison suffisante. — D'après cette théorie, l'essence de Dieu est donc soumise aux lois de la raison, de *notre* raison, et nous pourrions, par conséquent, parfaitement bien comprendre et saisir Dieu. Mais ce n'est là qu'une face du système.

Voici venir l'autre : Dieu, étant tout-puissant, est le maître de l'homme, qui est, par conséquent, tenu de faire ce que Dieu veut; or, il est possible que Dieu trouve bon de révéler sa volonté à l'homme, et rien ne s'oppose à ce qu'il le fasse. Comme toute chose a sa raison suffisante, cette révélation ne peut avoir lieu que lorsque l'ordre naturel ne suffit plus; en d'autres termes, la révélation doit enseigner à l'homme des vérités qui surpassent sa raison (naturelle). Cette révélation ne doit pourtant non plus rien contenir d'irrationnel, rien qui soit en contradiction avec la raison pure, ou même avec l'expérience. — Les limites entre la raison naturelle et la révélation paraissent donc bien marquées, puisque la révélation doit être, 1.° au-dessus de la raison, et 2.° non contraire à la raison : ainsi, comme le remarque Baur (*Dreieinigkeit*, III, p. 589), tout le contenu de la révélation doit être transcendant pour la raison, et les deux sources de connaissances ayant des domaines tout à fait différents, ne peuvent jamais se rencontrer et entrer en lutte.

Tout ce système n'est évidemment qu'un tissu de contradictions habilement ourdi pour échapper aux conséquences de la souveraineté absolue de la raison. Nous avons déjà vu, en parlant de Leibnitz, la fausseté des principes sur lesquels Wolff s'appuie ; l'examen le plus superficiel de la manière dont il en formule les conséquences, le démontrera encore plus clairement. Nous pouvons en faire la critique en partant, soit de l'homme, soit de Dieu : I. La révélation est au-dessus et en dehors de la raison de l'homme ; mais alors elle n'a aucun rapport avec sa raison ; elle ne s'adresse pas à sa raison, c'est-à-dire, elle n'atteint point l'homme, puisque, dans le système, il n'existe point d'autre faculté à laquelle elle puisse s'adresser. II. La cause, la raison efficiente de la révélation doit être fondée dans l'idée rationnelle de Dieu : or, comme notre raison mesure et comprend parfaitement cette idée, il est impossible qu'elle n'en comprenne pas aussi, *a priori*, les conséquences, c'est-à-dire, la révélation.

Le Wolffianisme, dans son désir de tout démontrer, est fatalement poussé vers l'exclusisme de la raison, c'est-à-dire, vers le naturalisme. Une fois qu'après avoir déjà perdu par le contact avec le subjectivisme piétiste sa pureté et sa dureté primitives, la dogmatique orthodoxe se fut jetée dans les bras du système de Wolff ; une fois qu'elle se fut confiée à la défense d'un mortel, et que, se mettant à démontrer, elle dut admettre la possibilité qu'on démontrât le contraire ; dès ce moment, le succès de la révolution fut assuré, et on put prédire que la première secousse un peu forte renverserait le frêle échafaudage qui prétendait remplacer l'édifice gothique. Cette secousse ne manqua pas, et la tempête se levant de plus d'un côté, vint donner contre cette maison follement construite sur le sable mouvant des opinions humaines.

II. LES AGENTS DE LA DERNIÈRE PHASE DE LA RÉVOLUTION.

§. 7.

A. *Le déisme anglais*. [1]

Le déisme n'est autre chose que l'application du *bon sens pratique* à la religion existante. Se fondant sur la pensée libre, sur l'autonomie de

---

1 Voy. Lechler, *Geschichte des englischen Deismus*. Stuttg. 1841.

la raison, il fait de la religion naturelle, pratique, la norme et la règle de toute religion positive; ses partisans ont donc pu s'appeler *Free-thinkers* et *Natural religion men.* Le déisme ne diffère du Spinozisme théologique que par son manque d'esprit spéculatif[1], et du rationalisme allemand que par l'imperfection et l'arbitraire de son appareil scientifique. Il a deux buts : il doit proclamer que la religion naturelle et subjective est seule nécessaire, et il doit aussi expliquer et critiquer la religion positive.

Herbert († 1648), avant-coureur du déisme, fixa déjà les dogmes de la religion naturelle, et rédigea cinq articles, qui furent conservés par tous ses successeurs, et qui portent : I. *Esse Deum summum (sive : esse supremum aliquod numen).* II. *Coli debere.* III. *Virtutem pietatemque esse præcipuas partes cultus divini.* IV. *Dolendum esse ob peccata, ab iisque resipiscendum.* V. *Dari ex Bonitate Justitiaque divina præmium vel pœnam, tum in hac vita, tum post hanc vitam.*

La partie négative et critique du déisme repose entièrement sur le sensualisme de Locke. Dans son « Essai concernant l'esprit humain » (1690), ce philosophe avait établi que nous ne pouvons parvenir à une idée quelconque, qu'à condition qu'elle nous soit donnée par la sensation. Quant à la révélation, il serait ridicule qu'elle nous enseignât ce que la raison ou la sensation nous enseigne naturellement; elle ne peut pas davantage nous donner quelque chose de contraire à la raison; il faut donc qu'elle porte sur ce que la raison laisse indécis. — Si l'on se rappelle, qu'en vertu de son principe positif le déisme prétendait que la religion naturelle est seule nécessaire, que la religion subjective est seule utile, on concevra la portée de cette théorie de Locke. — Toland, tête chaude et esprit vaniteux, en fit bientôt l'application dans son ouvrage, intitulé : CHRISTIANITY NOT MYSTERIOUS, *or a Treatise shewing that there is nothing*

---

1 On rencontre cependant dans ce camp quelques panthéistes, comme Toland (*Pantheisticon; Cosmopoli,* 1720), et Morgan, † 1743. Spinoza était lu, quoique peu cité, par les déistes.

in the Gospel contrary to the Reason, **nor above it** (1696). Il alla plus loin encore, et dans sa liturgie des Panthéistes (1720) il chante :

> *Ratio est vera et prima lex,*
> *Lux lumenque vitæ.*
> *Ad beate vivendum sola sufficit Virtus,*
> *Suaque sibi est satis ampla merces.*

L'application à la religion positive est très-simple et facile :

> *Hierotechnen omnem execramur!*

Cette exécration de la prêtrise est certes très-méritée, s'il est vrai que les religions positives se formèrent comme le peignent les vers suivants, reproduits par presque tous les déistes :

> *Natural Religion was easy first and plain,*
> *Tales made it mystery, offerings made it gain,*
> *Sacrifices and shows were at length prepar'd,*
> *The priests ate roast-meat, and the people star'd.*

On hésita quelque temps avant d'appliquer cette étrange philosophie de la religion au christianisme primitif; on se contenta d'abord de rejeter tout le développement dogmatique postérieur aux apôtres, et Chubb (1738) prétendit encore que le véritable Évangile du Christ était la religion naturelle. Tindal avait écrit avant lui (1730): *Christianity as old as the creation : or the Gospel a republication of the Religion of nature.*

L'enthousiaste Woolston, dans six «Discours sur les miracles du Sauveur» (1727-1730), trouva moyen de décrier ces miracles en se mettant à couvert derrière une explication *allégorique* qu'il en propose. Il examine quinze récits tirés des évangiles, et s'efforce de montrer combien, pris à la lettre, ils sont absurdes (*absurd, improbable, incredible, rodomundato*, etc.); il en tire alors la conclusion que ce sont des allégories. L'évangile de S. Jean surtout lui paraît exagérer d'une manière ridicule; il suppose donc que cet apôtre a voulu nuire à la gloire de son maître, ou bien qu'il avait pour but de voir jusqu'où peut aller la crédulité des chrétiens aveugles; peut-être bien Jean voulait-il par là augmenter son propre crédit. Je ne citerai comme exemple de cette critique exégétique que ce que Woolston dit de la *résurrection de Jésus-Christ*, le grand miracle de l'histoire évangélique. Ici, comme dans les passages les plus choquants de ses discours, il fait parler un rabbin, de ses amis, qui promet de se faire chrétien, s'il ne parvient à démontrer l'absurdité du récit : il insiste surtout sur ce que la pierre du tombeau avait été scellée; ce qui suppose un contrat tacite entre les apôtres et le sanhédrin : Jésus devait prouver publiquement, juridiquement par sa résurrection, qu'il n'était point un imposteur. Mais les disciples de cet homme, justement condamné pour sa vanité et ses mensonges, violèrent ce contrat et vinrent, au bout de deux jours, briser le scellé et voler le cadavre de Jésus. Ils avaient sans doute acheté la garde romaine, ou peut-être ils l'avaient endormie. En effet, Pierre qui, à l'occasion jurait comme un cavalier, savait probablement bien enivrer quelques fantassins. Et puis, pourquoi Jésus, s'il était vraiment ressuscité, n'apparut-il point au sanhédrin, mais seulement à ses disciples, c'est-à-dire à ses complices? Enfin, les récits des apparitions de Jésus-Christ ne s'accordent nullement entre eux; ils sont si vagues, si absurdes, qu'il n'y a guère d'histoire de revenants qui ne soit plus vraisemblable : quelques-unes de ces scènes rappellent Robinson, qui remplit de biscuit ses poches, lorsqu'il n'a ni pantalon, ni habit, etc. Le rabbin termine cette critique en disant que, si Dieu a permis que tant d'hommes admissent la vérité de cette histoire, il l'a fait, sans aucun doute, pour humilier l'humanité et lui rappeler combien elle est faible, et avec quelle facilité elle tombe dans les plus grossières erreurs. Quant à Woolston lui-même, il s'appuie sur ce résultat pour prouver que la résurrection de Jésus-Christ ne doit point être prise à la lettre; mais que c'est une allégorie, ainsi que tout le reste des Évangiles. Jésus-Christ est ressuscité du tombeau de la lettre, où, d'après un chiffre mystique, il était resté trois jours et trois nuits, etc.

Il est certes bien permis de douter de la sincérité de cette interprétation allégorique, quand on sait ce que Woolston imprimait sous son propre nom sur le compte de Jésus, des apôtres et de la doctrine chrétienne. Jésus, selon lui, était un orateur passable, qui savait improviser devant le peuple de jolies paraboles et qui, comme les savants de son temps, possédait bien sa Cabbale. Ses admirateurs lui attribuèrent bientôt le don des miracles, et, en effet, il faisait des choses qui devaient, à cette époque, paraître assez merveilleuses. Plus tard les apôtres profitèrent de la crédulité du peuple pour exagérer tout ce qu'il avait fait, et y ajouter d'autres histoires tout à fait fausses. La doctrine de Jésus était en général bonne et utile, car elle ne contenait guère que la loi morale et la religion naturelle; elle se répandit donc rapidement. Mais bientôt elle fut corrompue par toutes sortes de « sophistications » qu'y introduisirent les prêtres. — Quant à l'eschatologie, Woolston ne s'attend pas à voir revenir Jésus sur les nuages, comme le président des Communes sur son sac de laine. Selon lui, le Millénium sera l'époque où il n'y aura plus de prêtres, où le règne de l'intolérance aura cessé, et où celui de la religion rationelle sera établi.

Une fois parvenu à de pareilles conséquences, le déisme devait reconnaître qu'il n'avait plus rien de commun avec le christianisme. Tous les esprits qui jusqu'alors avaient cru pouvoir appartenir à l'un et à l'autre, furent obligés de se décider pour l'incrédulité ou pour la foi. Les uns retournèrent sous le joug de l'autorité; les autres, et ce n'étaient pas les plus respectables, préférèrent conserver l'autonomie de la raison; mais bientôt, effrayés de l'impuissance de leur pauvre bon sens, ils se mirent avec Hume à douter aristocratiquement de tout. Ils n'avaient pas d'ailleurs la franchise de Woolston, qui s'était fait mettre en prison et y était mort; ils n'écrivirent plus d'ouvrages critiques contre le christianisme et se contentèrent, sous la conduite de l'immoral Bolingbroke, de couvrir de sarcasmes cette vieille superstition.

Ainsi dépérit le déisme dans sa patrie; ce ne fut qu'en Allemagne où il fut transporté à cette époque (à partir de 1741), qu'il put revivre et que, fortifié par d'autres éléments critiques, il recommença sa lutte contre l'orthodoxie et finit par donner naissance au néologisme et au rationalisme.

§. 8.

B. La philosophie française.

La longue hypocrisie du règne de Louis XIV, qui voulait couvrir ses
débauches du manteau d'une religion d'État, disparut avec une rapidité
incroyable, lorsque le Régent prit les rênes du gouvernement. Dubois
s'assit à la place de Bossuet dans les conseils du prince, et la France
offrit aux temps modernes le hideux spectacle d'orgies, qui dépassaient
celles de la Rome de Messaline. L'incrédulité et l'immoral athéisme,
refoulés jusqu'alors dans les ténèbres par la croyance officielle, se montrèrent au grand jour et se jetèrent avec acharnement sur la religion
décrépite, qui avait régné en tyran sur eux. On voulait faire cesser le
despotisme des prêtres, qui, comme les augures romains, ne pouvaient
plus se rencontrer sans rire du rôle qu'on leur faisait jouer, et qui prétendaient cependant encore régner à eux seuls sur le royaume des esprits;
la philosophie, pleine d'indignation, démasquait ces vils comédiens....
Mais sortie des «Lupercales de la Régence,» elle se ressentait de cette
honteuse origine; elle réclamait non-seulement la liberté de la pensée,
mais aussi la licence des mœurs; elle attaquait non-seulement les prêtres,
mais aussi le Christ. Dès 1750 les disciples de Voltaire, les amis du
baron d'Holbach commencèrent une croisade contre le christianisme. On
connaît leur mot d'ordre : «Écrasez l'infâme!»

Nous ne voulons pas faire l'histoire de l'encyclopédisme; nous n'allons
pas raconter comment le déisme de Voltaire fut dépassé par l'athéisme
qui se formula dans le «Système de la nature.» Nous ne citerons
qu'un livre, qui pourra faire apprécier le genre de critique de cette
triste école. — Dans une Vie de Jésus, éditée par la propagande réunie
chez d'Holbach, nous lisons la caractéristique suivante de l'Évangile :
«L'Évangile n'est qu'un roman oriental, dégoûtant pour tout homme
de bon sens et qui ne semble s'adresser qu'à des ignorants, des stupides,

des gens de la lie du peuple, les seuls qu'il puisse séduire.» Le *motto* qui conviendrait le mieux à la Bible, c'est que «Dieu s'est révélé aux hommes pour n'être point compris.» …. «Toute la Bible n'est-elle pas un piège continuel tendu à l'esprit humain? Toute la conduite du Christ, suivant l'Évangile même, n'est-elle pas un piège tendu aux Juifs?…. Dans ses prédications il ne s'adresse qu'à des hommes grossiers; il ne voulait avoir à faire qu'à des gens de cette trempe: il refuse constamment d'opérer des miracles en présence des personnes les plus clairvoyantes de sa nation; il déclame sans cesse contre les savants, les docteurs et les riches; en un mot, contre ceux dans lesquels il ne pouvait trouver la souplesse requise pour adopter ses maximes.» Voici le résumé de la vie de Jésus: «Nous voyons un artisan, enthousiaste mélancolique et jongleur maladroit, sortir d'un chantier pour séduire les hommes de sa classe; échouer dans tous ses projets, être puni comme un perturbateur public, mourir sur une croix, et cependant, après sa mort, devenir le législateur et le Dieu d'un grand nombre de peuples, et se faire adorer par des êtres qui se piquent de bon sens.» Ce dernier résultat est dû à la ruse des apôtres qui, pensant «qu'il ne fallait pas jeter le manche après la cognée,» parvinrent à tromper le peuple. — Je pourrais citer encore comment on explique la visitation de l'ange Gabriel, mais il est des choses trop dégoûtantes pour être reproduites; il suffit de dire que l'auteur va chercher des parallèles dans les contes de la Fontaine…. La conclusion de son livre, du reste, c'est qu'au fond «le concile de Nicée fut le véritable instituteur de la religion chrétienne, qui jusqu'alors errait à l'aventure et ne savait à quoi s'en tenir.»

Après la lecture de pareilles sottises, il n'y a plus qu'un seul jugement de possible: on a beau se dire que le mouvement philosophique fut amené légitimement au xviii.ᵉ siècle pour réagir contre l'odieuse hypocrisie des dernières années du xvii.ᵉ; on se voit obligé d'avouer que ce mouvement fut infecté par la haine la plus odieuse de la religion et par l'immoralité la plus déplorable; on se prend presque à regretter que l'hypocrisie n'ait pas pu comprimer cette tendance….

38

En France cette philosophie athée aboutit à 1793; en Allemagne elle mène aussi à une révolution. L'incrédulité y fut importée par les jeunes seigneurs qui, après avoir passé par les mains d'une bonne française et d'un abbé français, allaient achever en France, à la cour du Régent, leur éducation toute française, et revenaient au bout de quelques années l'âme corrompue et la santé ruinée [1]. Des hautes classes de la société, cette frivolité anti-nationale se répandit rapidement parmi le peuple; et lorsque les beaux esprits français purent, dans des livres que tout le monde lisait, répandre le sarcasme et l'ironie sur le christianisme et, dans leurs pamphlets qui circulaient en secret, le traiter comme un conte profane; lorsque le grand Fritz, l'idole du peuple, encouragea de tout son pouvoir cette prétendue philosophie, — alors il ne fut plus permis à un homme d'esprit d'être «croyant,» ni même d'avoir du respect pour cette « superstition. ». Le christianisme perdit son procès dans l'opinion de la masse.

D'un autre côté les arguments de ces philosophes français étaient souvent si peu solides, leur haine passionnée du christianisme et des principes moraux était si patente, et leur faisait commettre de si criantes injustices, que les esprits indépendants ou prévenus contre eux, les savants, et surtout les théologiens échappaient assez facilement à leur influence. La France n'en parvenait pas moins à se soumettre ces rebelles; à côté des encyclopédistes elle avait encore Rousseau. Les éloquents écrits du citoyen de Genève, avec leur spiritualisme décidé et leur chaleur de sentiment, faisaient une profonde impression sur ces Allemands, dont la piété s'était sentie ébranlée et repoussée à la fois par l'esprit et la frivolité du patriarche de Ferney.

Le *vicaire savoyard* était dans le même état de doute qu'eux, lorsqu'il commença sa recherche de la vérité; il avait trouvé les philosophes fiers, affirmatifs, dogmatiques, et les avait abandonnés, convaincu de

1 Voyez, sur l'infâme conduite des dames et des seigneurs allemands en France, les lettres de la princesse palatine, mère du Régent, publiées par Menzel.

l'insuffisance de l'esprit humain. Il résolut alors de consulter la « lumière intérieure, » le cœur, le *sentiment :* « Quand tous les philosophes du monde, se dit-il, *prouveraient* que j'ai tort, si je *sens* que j'ai raison, je n'en veux pas davantage. » Il reprend « l'examen des connaissances qui l'intéressent, résolu d'admettre pour évidentes celles auxquelles, dans la sincérité de son cœur, il ne pourra refuser son consentement, et de laisser toutes les autres dans *l'incertitude*, sans les rejeter ni les admettre, et sans se tourmenter à les éclaircir quand elles ne mènent à rien d'*utile pour la pratique.* »

En suivant cette méthode, il arrive à admettre un « être qui meut l'univers » et « il l'appelle Dieu. » La nature de ce Dieu lui est, du reste, inconnue : « Plus j'y pense, plus je me confonds .... Pénétré de mon insuffisance, je ne raisonnerai jamais sur la nature de Dieu, que je n'y sois forcé par le sentiment de ses rapports avec moi; car, ce qu'il y a de plus injurieux à la divinité n'est pas de n'y point penser, mais d'en mal penser. » — « Je converse avec le sage auteur de l'univers, je le bénis de ses dons, mais *je ne le prie pas*. Que lui demanderai-je? Qu'il changeât pour moi le cours des choses? Moi, qui dois aimer par dessus tout l'ordre établi par sa sagesse, voudrais-je que cet ordre fût troublé pour moi? Non, ce vœu téméraire mériterait d'être plutôt puni qu'exaucé. Je ne lui demande pas non plus le pouvoir de bien faire : pourquoi lui demander ce qu'il m'a donné? La seule chose que je lui demande ou plutôt que j'attends de sa justice, c'est de redresser mon erreur, si je m'égare, et *si cette erreur est dangereuse* (!)»

La destination de l'homme prouve que l'âme doit être immortelle. « Dieu doit à ses créatures tout ce qu'il leur promit en leur donnant l'être. Or, c'est leur promettre un bien que de leur en donner l'idée et de leur en faire sentir le besoin. Plus je rentre en moi, plus je me consulte, et plus je lis ces mots écrits dans mon âme : *Sois juste, et tu seras heureux.* — Il n'en est rien pourtant, à considérer l'état présent des choses.... Oh! soyons bons premièrement, et puis nous serons heureux. N'exigeons pas le prix avant la victoire, ni le salaire avant le travail. Si l'âme est immatérielle, elle peut survivre au corps; et si elle survit, la Providence est justifiée. »

Le souvenir de la vie passée fera dans l'éternité la félicité des bons et le tourment des méchants. «Ne me demandez point s'il y aura encore d'autres sources de bonheur et de peines; je l'ignore.... Ne me demandez pas non plus, si les tourments des méchants seront éternels; je l'ignore encore. — O Être clément et bon! si tu punis éternellement les méchants, j'anéantis ma faible raison devant ta justice; mais si la même paix nous attend tous également un jour, je t'en loue. Le méchant n'est-il pas mon frère? Combien de fois j'ai été tenté de lui ressembler?»

Après avoir ainsi déduit les principales vérités qu'il importe de connaître, il reste à l'homme à chercher quelles règles il doit se prescrire pour remplir sa destination sur la terre. «Je trouve ces lois au fond de mon cœur, écrites par la nature en caractères ineffaçables. Je n'ai qu'à me consulter sur ce que je veux faire: tout ce que je sens être bien est bien, tout ce que je sens être mal est mal. Le meilleur de tous les casuistes est la *conscience*. *Toute la moralité de nos actions est dans le jugement que nous en portons.* » — La conscience est la voix de l'âme, les passions sont la voix du corps. Le vicaire savoyard a été longtemps entraîné par les illusions des sens; il n'a même pu tout à fait les détruire: «Elles dureront autant que ce corps mortel qui les cause. Au moins, elles ont beau me séduire, elles ne m'abusent plus; je les connais pour ce qu'elles sont; en *les suivant je les méprise....*» On conçoit maintenant l'orgueil et la suffisance des confessions, écrites après une vie honteuse et misérable : «Que la trompette du jugement dernier sonne quand elle voudra, je viendrai, ce livre à la main, me présenter devant le souverain juge....» Et puis encore : «Qu'un seul dise, s'il l'ose : je fus meilleur que cet homme-là!»

Tout le système de Rousseau est le subjectivisme le plus complet, le plus outré. Pour décider les vérités intellectuelles, c'est à son *sentiment* qu'il s'en remet; le législateur et le juge de ses actions c'est encore son

sentiment. Et ce sentiment n'est pas celui de l'humanité, mais de l'individu J. J. Rousseau, le citoyen de Genève, qui a même la prétention
de n'être point fait comme les autres hommes. « Je ne suis fait comme
aucun de ceux que j'ai vus; j'ose croire n'être fait comme aucun de ceux
qui existent. Si je ne vaux pas mieux, au moins je suis autre…. » — Ce
subjectivisme lui permet de laisser indécis tout ce qui ne l'intéresse pas,
et lui donne le droit de *converser* avec Dieu, dont il peut, du reste,
ignorer la nature. Il pousse à ces dernières conséquences le principe
protestant, que la religion est faite pour l'homme : « J'ai fait ce que j'ai
pu pour atteindre à la vérité; mais sa source est trop élevée : quand les
forces me manquent pour aller plus loin, de quoi puis-je être coupable?
c'est à elle à s'approcher. »

La vérité s'est, dit-on, approchée dans les religions positives, dans le
christianisme; Rousseau l'acceptera-t-il? — Son subjectivisme trouve
d'abord étrange que la religion naturelle ne doive pas suffire …. (et tout à
l'heure il demandait un secours extraordinaire pour arriver à la vérité!)
Ensuite la diversité de sectes, qui s'accusent mutuellement de mensonge
et d'erreur, l'effraie : « Quoi, la vérité n'est-elle pas une? …. Ou toutes
les religions sont bonnes et agréables à Dieu, ou s'il en est une qu'il
prescrive aux hommes et qu'il les punisse de méconnaître, il lui a donné
des signes certains et manifestes pour être distinguée et connue pour la
seule véritable : ces signes sont de tous les temps et de tous les lieux,
également sensibles à tous les hommes, Européens, Indiens, Africains,
Sauvages; car si en quelque lieu du monde un seul homme de bonne
foi n'eût pas été frappé de leur évidence, le Dieu de cette religion serait
le plus inique et le plus cruel des tyrans. »

Par quels moyens arriverai-je à savoir quelque chose de plus que ce
qu'enseigne la religion naturelle? « Ces moyens ne sauraient être l'autorité
des hommes; car, nul homme n'étant d'une autre espèce que moi, le
témoignage des hommes n'est au fond que celui de ma raison même,
et n'ajoute rien aux moyens naturels…. Apôtre de la vérité, qu'avez-vous
donc à me dire dont je ne reste pas le juge? Dieu lui-même a parlé;

6

écoutez sa révélation. C'est autre chose. Dieu a parlé! voilà certes un grand mot. Et à qui a-t-il parlé? Il a parlé aux hommes. Pourquoi donc n'en ai-je rien entendu? Il a chargé d'autres hommes de vous rendre sa parole. J'entends : ce sont des hommes qui vont me dire ce que Dieu a dit. J'aimerais mieux avoir entendu Dieu lui-même; il ne lui en aurait pas coûté davantage, et j'aurais été à l'abri de la séduction. Il vous en garantit en manifestant la mission de ses envoyés. Comment cela? Par des pro-diges. Et où sont ces prodiges? Dans des livres. Et qui a fait ces livres? Des hommes. Et qui a vu ces prodiges? Des hommes qui les attestent. Quoi! toujours des témoignages humains! toujours des hommes qui me rapportent ce que d'autres hommes ont rapporté! Que d'hommes entre Dieu et moi! Voyons toutefois, examinons, comparons, vérifions. Oh! si Dieu eût daigné me dispenser de tout ce travail, l'en aurais-je servi de moins bon cœur?"

Ce travail dépasse les forces humaines : Quelle immense érudition ne faudra-t-il pas pour examiner, peser, confronter les prophéties, pour voir si rien n'a été supprimé, ajouté, transposé? Ensuite il faudra comparer les preuves des vrais et des faux prodiges, trouver des règles sûres pour les discerner. Mais ce n'est pas tout; après avoir prouvé la doctrine par le miracle, il faut prouver le miracle par la doctrine, de peur de prendre l'œuvre du démon pour l'œuvre de Dieu. — Pour reconnaître la véritable religion, il ne suffit pas d'en examiner une seule, il faut les examiner toutes. Que de bibliothèques ne faudra-t-il pas feuilleter pour cela... et encore les livres rendent si infidèlement les sentiments de ceux qui les ont écrits! Il faudra se mettre à voyager pour étudier chaque religion dans le pays où elle est professée.... La terre entière ne sera couverte que de pèlerins allant à grands frais vérifier, comparer, examiner par eux-mêmes les cultes divers qu'on y suit...

En définitive il y a tant de raisons solides pour et contre la révélation, que, ne sachant à quoi se déterminer, Rousseau ne l'admet ni la rejette; il reste sur ce point dans un *doute respectueux*. La sainteté des Écritures est d'ailleurs un argument qui parle à son cœur, et la mort de Jésus-

Christ lui paraît être celle d'un Dieu; mais il ne voit pas la nécessité de se faire chrétien.

§. 9.

C. *Le parti des lumières en Allemagne.* [1]

Le déisme et la philosophie française se rencontrèrent en Allemagne vers 1750 et s'y répandirent rapidement. La maison de commerce du déisme, qui, sous la raison bien connue du bon sens pratique, offrait à bas prix des marchandises assez solides, jouit, en peu de temps, d'un grand crédit auprès des penseurs de l'époque, les philosophes Wolffiens. L'encyclopédisme, avec ses déclamations quelquefois dégoûtantes, souvent spirituelles et brillantes, toujours creuses et haineuses, eut un succès immense auprès de la noblesse et des beaux esprits. L'orgueil sentimental de Rousseau enfin, et ses belles maximes, lui gagnèrent les âmes poétiques et langoureuses, les âmes fières, les âmes pieuses, les âmes philanthropiques; on savait même admirer sa vie honteuse, et personne ne trouvait étrange que le même homme eût écrit Émile et exposé ses enfants.

On voit qu'il s'était opéré un grand changement dans l'état des esprits en Allemagne. — Le joug d'une autorité ecclésiastique et d'une lourde féodalité pesait toujours encore sur la nation; mais un malaise général s'était emparé de toute la société. On voulait un changement; on demandait de la lumière, on avait besoin de respirer enfin au grand air. Les princes crurent trouver cette liberté d'action dans un déplorable libertinage, qui, avec un faux air de galanterie française, cachait les mœurs les plus grossières et les plus barbares. Parmi la bourgeoisie on voulut jouir bien à son aise du grand bonheur de se sentir homme; on ne s'occupa plus que de son *moi*; on négligea les sciences *inutiles*; on se consola de sa mauvaise *tête*, en pensant à son *bon cœur*; on oublia ses fautes et ses péchés en comblant de louanges ses excellentes intentions

---

1 Voy. surtout Schlosser, *Geschichte des XVIIIten Jahrh.*, et les auto-biographies de Bahrdt et de Semler.

(*ehrenwerthe Absichten*). Enfin dans la joie d'avoir découvert le grand axiome que le moi d'un chacun est le centre du monde, on se décora du nom de *parti des lumières* (*Aufklärung*), et l'on témoigna une touchante et hautaine pitié aux siècles précédents qui avaient marché dans les ténèbres. Nous ne pouvons mieux faire connaître ce parti et cette époque qu'en en détachant quelques groupes particuliers pour les caractériser.

À la tête du mouvement marchaient courageusement les Nicolaïtes, qui dans leur journal (*Allgemeine deutsche Bibliothek*) faisaient une guerre à mort à l'obscurantisme et au jésuitisme. Les arguments contre le christianisme étaient pris indistinctement chez les déistes anglais et les philosophes français; mais on les accommodait aux vues étroites et philistines de la rédaction, qui aimait surtout le ton des commis-voyageurs. Toute véritable poésie était poursuivie sans pitié comme nuisible. Par contre on acceptait avec beaucoup de reconnaissance les articles qui montraient l'utilité ou le danger d'une chose quelconque.

Nous pouvons placer à côté des journalistes les pédagogues de l'époque, représentés par Basedow, Rousseau criard et larmoyant, mari brutal, philanthrope qui visait surtout à la bourse du public, catéchète qui citait aux enfants son propre exemple pour leur montrer les suites terribles de l'ivrognerie, père de famille qui ne voyait dans sa fille qu'une formule de son système et voulait la faire baptiser sous le nom de *Elementaria-Prænumerantia-Philanthropina*. Avec son *Elementarwerk*, qui fut richement payé d'avance par une *Prénumération* de 15000 thalers, cet homme domina l'Allemagne, et opéra une révolution dans l'éducation et l'instruction. Il créa le *Philanthropinum* de Dessau, *eine Schule der Menschenfreundschaft und guter Kenntnisse für Lernende und junge Lehrer, Arme und Reiche*. Il finit par fonder avec quelques autres hommes, qui valaient pourtant un peu mieux que lui, une espèce d'ordre de chevalerie de l'École, dont tous les membres s'engageaient entre autres à ne se marier que pour faire avancer l'œuvre, et à élever leurs enfants dès la naissance d'après la méthode philanthropique et conformément au but des pères. — Ce singulier mélange d'amour de l'argent et d'enthousiasme, ces dithyrambiques réclames et ces idées vulgaires, forment un des principaux caractères de l'époque.

En fait de poésie, il était généralement reçu d'admirer les couchers du soleil, et de célébrer par quelques périodes à la Rousseau la bonté du cœur humain et l'utilité de la Providence. Plus tard on put encore montrer la tendre complexion de son âme en versant des larmes abondantes à la représentation des touchants drames domestiques de Kotzebue. N'oublions pas non plus la manière dont les partisans des lumières reçurent Werther, — l'impertinente parodie de Nicolaï, et l'émotion un peu trop subjective et trop forte des hommes à sentimentalité, qui, après avoir chanté avec les Bardes de Göttingue et avoir voulu réaliser avec la fille du pasteur l'Idylle de Voss, ne trouvaient rien de mieux à faire qu'à endosser le frac bleu et le gilet jaune et à suivre l'exemple du malheureux héros de Gœthe.

Si l'on excepte l'excellente *Religion naturelle* de Reimarus, écrite entièrement du point de vue téléologique, on ne peut rien citer d'important en philosophie. Les longues et fades paraphrases et périphrases de Mendelssohn, déiste, wolffien et juif à la fois, étaient les ouvrages les plus répandus.

On conçoit, d'après ce que nous venons de dire des partisans des lumières, quelle pouvait être leur théologie. Nous verrons bientôt comment elle se formula d'une manière scientifique et quel caractère elle revêtit chez les esprits sérieux; pour le moment nous devrions dire ce qu'elle fut chez les ignobles coryphées du parti, et nous pourrions prendre notre caractéristique dans l'auto-biographie du fameux Bahrdt. Cependant ce serait une tâche aussi fastidieuse que peu utile, et nous croyons pouvoir nous en dispenser. Il suffit de rappeler que cet aventurier, dont la vie a de l'importance comme signe du temps, introduisit sa poésie dans le Nouveau Testament, en mettant dans la bouche de Jésus l'éloge de « la douce mélancolie de la vertu » (Matth. v, 4); dans l'agréable sentiment de la supériorité de son entendement sur celui du Juif, il traduisait aussi ces paroles : « Le Fils de l'homme est maître du sabbat, » par celles-ci : *« Die Pflichten des äusserlichen Gottesdienstes müssen den Pflichten des Menschen allemal untergeordnet bleiben »* (voy. sa trad. du Nouv. Test. : *Die neusten Offenbarungen Gottes in Erzählungen und Briefen*).

III. L'ACCOMPLISSEMENT DE LA RÉVOLUTION.

Toutes les classes de la société chancelaient dans leur foi, et les théologiens, appuyés de quelques vieux jurisconsultes, restaient seuls encore fermes. Mais déjà le piétisme, en cherchant à enlever au système orthodoxe ses faces trop anguleuses, avait, à son insu, détruit le principe de cristallisation et changé le corps solide en une poussière sans consistance. Le Wolffianisme, appelé à remplacer la méthode scholastique, avait promis de tout démontrer, et les théologiens, se fiant à lui, avaient négligé la science; aussi leur effroi fut-il grand à la vue de l'invasion de l'incrédulité étrangère et de la révolte intérieure. Ils essayèrent de se défendre; mais, après une courte résistance, ils mirent bas les armes. Nous pouvons donner une date assez précise de cet événement. En 1767 et 1771, Semler publia ses ouvrages sur le Canon, qui semblent être l'acte par lequel la théologie renonça au privilége d'être une science d'autorité; cependant le néologisme de Semler était encore bien timide et inconséquent : les *Fragments de Wolfenbüttel* parurent en 1777, et, donnant une forme scientifique au naturalisme, menacèrent fortement toute la théologie; les années suivantes, Lessing et quelques autres esprits d'élite essayèrent de la sauver tout en proclamant l'accomplissement de la révolution.

A partir de cette époque, l'autonomie de la raison est généralement reconnue, et l'on cherche quelque autre faculté pour la foi. Le principe du Spinozisme théologique a remporté la victoire.

§. 10.

A. *Le néologisme et Semler.*

L'idée fondamentale du système représenté par Semler[1], c'est qu'il faut distinguer la religion particulière, domestique (*Privat-Religion*) de la théologie publique, officielle : cette dernière est indifférente, pourvu qu'elle ne nuise pas à la première, à la religion subjective, qui consiste dans l'amélioration morale. Toutes les définitions et les formules dogmatiques doivent être connues au candidat en théologie, puisque l'Église l'exige; mais le simple fidèle peut parfaitement bien s'en passer. — On ne saurait nier que cette distinction de Semler est une conséquence du piétisme. Sans doute, ce théologien était, d'un autre côté, très-opposé à la discipline des conventicules; mais il n'en a pas moins puisé le principe de sa théologie à Halle; le for intérieur, siége de la religion individuelle, ne diffère pas, pour le fond, de l'*ecclesiola in ecclesia* des disciples de Spener.

Puisque la religion objective, officielle, est chose indifférente, on peut en faire la critique. Le néologisme insiste surtout sur les « variations » de l'orthodoxie; il crée la *critique biblique* et l'*histoire des dogmes*. C'est au moyen de cette dernière qu'il attaque la dogmatique symbolique. Après avoir prouvé que les formules tranchantes et les subtiles distinctions de cette scholastique n'existent pas dans la Bible, il fait voir quel chaos règne dans l'histoire du dogme, par quelles circonstances toutes extérieures l'athanasianisme l'a emporté sur l'arianisme, l'augustinianisme sur le pélagianisme; il conclut en montrant que les dogmes de la Trinité, de la divinité de Jésus-Christ, etc., dépassant les limites de notre raison, on ne doit ni les rejeter ni les admettre dans leur forme métaphysique, mais s'en tenir à leur côté pratique. Citons comme exemple les mots par lesquels Dœderlein termine son exposé de l'histoire de la Trinité[2] :

---

1 Voy. *Versuch einer freiern theologischen Lehrart*, 1777.
2 *Institutio theologi christiani*, 1780. P. I, p. 385.

Hæ tam contrariæ multorum opiniones, tam obscuræ hypotheses, tam portentosa quorundam commenta, quibus inde a seculo secundo laboravit ingenium hominum, quibus tot querelarum ac litium excitatæ occasiones sunt, utinam admoneant animas pias, quam temerarium, quam vanum sit et periculosum, in hunc campum descendere ac naturam Patris, Filii et Spiritus s. certius definire velle. Quanto igitur laudabilius erit ac cautius, profiteri ignorantiam atque, omissa subtiliori ac otiosa speculatione, unam Deum cognoscendi viam, beneficiis ejus pio animo consideratis, persequi. Hoc enim est tenere fidem Trinitatis, si Patris imperium summum, Jesu Christi auctoritatem ac dignitatem, Spiritus denique sancti vim agnoscas ac reverearis, etc. Tuto ignoratur natura divina, dummodo domesticis significationibus animum Dei erga nos cognoscamus. Ce subjectivisme moral rappelle ce que nous avons cité de Rousseau sur la nature de Dieu.

S'il était facile de rejeter tout le développement historique du christianisme postérieur aux apôtres, la *critique biblique* présentait plus de difficultés. Le lien, ou plutôt le résumé, l'achèvement de la bibliologie, c'est l'idée du *Canon* [1]. Le Canon n'est pour Semler autre chose qu'un catalogue de livres fixé officiellement pour la lecture dans l'Église; il n'a donc aucune *autorité* pour la religion individuelle, qui en prend ce qui lui plaît. Reste l'*inspiration* au sens orthodoxe, l'inspiration littérale, qui est encore la sauvegarde de l'autorité des livres sacrés; mais elle aussi est transformée en une inspiration morale, qui rend ces livres propres à édifier l'individu. Nous arrivons donc ainsi en face de la Bible, sans l'intermédiaire des dogmes dont l'Église l'avait entourée. Cette Bible *con-*

1 Voyez sur ce point et sur les suivants, l'ouvrage capital de Semler : *Abhandlung von freier Untersuchung des Kanons.* Halle, 1771. Ce livre indigeste s'accrut bientôt de trois autres parties, qui parurent en 1772, 1773 et 1775, et qui contiennent des apologies de l'auteur contre presque tous ceux qui l'avaient attaqué. Il marque le commencement de la période critique pour la science de la Bible en Allemagne. — Dans la préface de la seconde partie, Semler donne un assez bon résumé de son système.

lient la véritable religion, la *Parole de Dieu;* mais elle ne l'*est* pas. Les écrits qui la composent sont des livres judaïsants qui nous présentent cette Parole de Dieu avec les images, les préjugés, enfin, avec toute la manière de voir des Juifs. Il s'agit de séparer le véritable contenu religieux des idées locales et temporaires qui les défigurent; comment y parvenir? En mesurant tout ce qui se trouve dans la Bible avec la mesure de notre religion subjective. Mais, s'il se trouve des dogmes contraires à notre religion individuelle qui soient pourtant enseignés par Jésus-Christ et ses apôtres, que faudra-t-il faire? La réponse est bien simple : comme Jésus enseignait la véritable religion, c'est-à-dire, *notre* religion subjective, nous ne saurions admettre qu'il ait vraiment enseigné quelque chose qui y soit contraire, c'est-à-dire, qu'il se soit trompé. Nous dirons donc qu'il s'*accommodait* aux idées du peuple juif, et — pour nous servir d'une expression kantienne — que ces opinions juives n'étaient que le véhicule de ses propres idées. .... Le système d'accommodation est le dernier mot de ce néologisme, lorsqu'il s'agit de comprendre et d'expliquer la religion positive. On n'ose point se séparer franchement du christianisme historique ou objectif, et l'on veut cependant le critiquer au moyen de son principe subjectif, et l'on prétend que Christ ne pouvait enseigner autre chose que ce qu'on enseigne soi-même. C'est un compromis entre le sujet et l'objet; c'est le dernier effort d'un système subjectif pour se cramponner à l'histoire, à l'autorité extérieure, pour ne point s'en séparer complétement. Le néologisme a donc, au fond, des intentions conservatrices, quoique son principe soit radical.

On ne doit cependant pas s'étonner que l'élément polémique qui prédomine dans ce système soit dirigé, non contre le naturalisme, mais contre la théologie orthodoxe. Il ne pouvait en être autrement. Les néologues prétendant conserver quelques restes du système objectif, tout leur bagage dogmatique devait se réduire à ce qu'ils pourraient en sauver : il fallait commencer par détruire; il fallait même toujours détruire, tant qu'on ne trouverait quelque chose d'indestructible. Semler l'avoue très-ingénument, et il n'en est nullement effrayé; il sait que dans cette soustraction il finira par obtenir pour reste sa religion subjective; ce qui lui suffit pleinement. *Ich leugne gar nicht; dass, nach meiner geringen Einsicht, noch eine sehr grosse, lange Reihe von theologischen Dingen von uns besser zu untersuchen und immer mehr zu berichtigen sein mag, ehe man Ursache hat zu fürchten, dass man der christlichen Religion selbst zu nahe treten wolle. Ich glaube vielmehr, dass dies Letzte ganz und gar nicht zu fürchten ist, wenn wir uns nur vor dem Ersten nicht fürchten; es ist aber auch vergeblich, wenn man die so sehr abwechselnden Begriffe der Theologie sogleich mit der christlichen Religion vermischt. Es gab eine christliche Religion, ehe es Provinzial-Theologen gab; es wird auch ferner die christliche Religion die Herzen der Menschen beherrschen, wenn auch noch so viel Abwechslungen der Theologie in dem Verstande der Menschen von Zeit zu Zeit vorgehen (Untersuchungen, etc., IIIter Theil, Vorrede).*

Semler séparait soigneusement sa tendance de celle des naturalistes. Homme profondément pieux, il ne voulait pas être confondu avec « les moqueurs remplis de vanité; » il ne voulait pas mettre son salut en jeu, et il ne se permettait ses recherches sur le Canon qu'après s'être convaincu qu'elles ne pouvaient nuire à son âme : *Es ist gewiss, dass ein Leser der Bibel zu seiner christlichen Heilsordnung nichts einbüsst, wenn er Bücher derselben für nicht göttlich hält.* Mais, se demandera-t-on, comment pouvait-il défendre son attachement au christianisme historique, à la Bible, lorsqu'il ne lui reconnaissait au fond aucune autorité ? Comment pouvait-il résister aux attaques des naturalistes plus conséquents que lui? — Un naturaliste anonyme l'avait attaqué précisément sur ce point : *Ich verbitte mir,* disait-il, *alle Beweise aus der Bibel, oder nehme diese nur unter der Bedingung an, wenn vorher aus der Vernunft überzeugend dargethan worden, dass sie Gottes Wort sei, und von Gott eingegeben.* Semler, dans sa réponse, commence par restreindre la question conformément à ses principes, en indiquant dans quel sens la Bible est la Parole de Dieu : *Eigentlich sollte der Verfasser verlangen, dass die und jene Schriften (nicht aber die ganze Sammlung) in einigen richtig* [d'après la théorie de l'accommodation] *erklärten Sätzen Gottes Wort, i. e. Belehrung, einen von Gott mitgetheilten neuen Unterricht wirklich enthalten.* Nous reconnaissons là tout le système exposé plus haut; mais il s'agit ici de *prouver* la valeur de cette ombre d'autorité qu'il accorde à la Bible, au christianisme objectif : *Hievon giebt es keinen allgemeinen Beweis, weil es zugleich auf die Gemüthsverfassung und Neigung ankommt*[1]. Quel subjectivisme! Cependant il trouve une espèce d'argument moral : *Es kommt auf die Beschreibung der Begriffe und Sachen an, dass sie nichts enthalten, so dem höchsten Wesen unwürdig und dem menschlichen Geschlecht unnütz sei.* Voilà un caractère négatif; mais il faut *prouver* la thèse avancée; c'est-à-dire avoir un argument positif: *Es kommt weiter auf die Wahrnehmung und Beobachtung an, was für reiche, gute Folgen zu neuen Fertigkeiten des Menschen aus solchen Begriffen entstehen können; so wird die Möglichkeit solcher Eingebung an sich wohl unstreitig sein.* Je doute fort de cette dernière assertion; car à ce prix, tout ce qui est bon serait directement inspiré par Dieu. Semler s'en aperçoit; il déclare qu'un pareil argument n'a qu'une valeur subjective : *Indess ist auch diese Beurtheilung schon eine moralische Uebung, so auf die freie Art des Menschen sich bezieht. Spricht nun der Verfasser* [le naturaliste], *dass er mehrmalen mit aller erforderlichen Aufrichtigkeit diese Prüfung und Probe selbst gemacht habe, weiss er, dass alle christliche Fertigkeiten, bei mir und anderen wahren Christen, Folgen der Dummheit und des Irrthums sind, und gar nicht Folgen von göttlichen Wirkungen sein können: so bin ich so ehrlich, dass ich sage, ich kann ihn nicht zum Christen machen, und er bleibt also*

---

1 Il dit autre part : *Die Wahrheiten und Begriffe* [in der Bibel], *von geistlicher Ausbesserung und Herstellung des Menschen zu allen seinen Endzwecken, rühren wirklich von Eingebung oder Wirkung Gottes her; hievon kann sich auch ein jeder Mensch durch das Zeugniss des heil. Geistes ohne allen Anstoss überzeugen. — Andere Beweise, dergleichen aus* stylo, antiquitate, miraculis, martyribus, *hergenommen sind, haben bei nachdenkenden Lesern wenig Nutzen zu einer leichtern Ueberzeugung (Untersuchungen, etc., IIter Theil, Vorrede,* articles 14 et 15).

ein Naturalist, und ich bleibe ein aufrichtiger, rechtschaffener Christ. Es wäre vergeblich, dass ich ihm meine Erfahrung vorhielte, wie es vergeblich und ohne Erfolg ist, wenn er sich auf seine naturalistische Erfahrung hierüber berufen wollte (Voy. *Untersuchungen, etc.,* IIIter *Th. Antwort auf das Sendschreiben eines Naturalisten,* p. 306 *sqq.*).

Il y a quelque chose de touchant dans cette assurance du pieux Semler, qui oppose son expérience de chrétien à tous les arguments du naturaliste, et qui accorde à cette expérience autant de valeur qu'à la raison elle-même. Semler dit ici que le sujet religieux, que la religion individuelle, subjective, a une valeur objective. Rien de plus vrai; mais rien aussi qui montre davantage l'impuissance du néologisme de notre auteur. En effet, il parvient si peu à rétablir le christianisme objectivement sur cette base subjective, qu'il ne cesse, au contraire, de critiquer le christianisme historique au nom de cette religion individuelle. On conçoit qu'un pareil système devait faire des pas rapides vers un naturalisme conséquent, et l'on n'est pas étonné de voir que celui qui avait eu le courage de proclamer la révolution, fut ensuite honni pour sa timidité par ceux qui n'étaient que ses disciples. La marche du siècle était incessante, irrésistible; tous les auteurs de la révolution étaient écrasés les uns après les autres par le char qu'ils avaient mis en mouvement, et l'excellent, le pieux, le scrupuleux, le modeste Semler n'était point homme à prendre les rênes pour empêcher la théologie de se jeter dans le gouffre d'une négation complète.

§. 11.

B. *Le naturalisme et le Fragmentiste.*

Nous voyons dans le naturalisme la révolution poussée à ses dernières conséquences. On peut dire qu'il n'est autre chose que le Spinozisme théo logique, fortement imprégné du subjectivisme propre à tout le XVIII.ᵉ siècle; ce dernier caractère lui fait enlever toute valeur à la religion positive, et ne lui fait voir dans le fondateur du christianisme qu'un révolutionnaire malheureux. Le naturalisme est le résultat de tous les agents de la révolution : il est le *déisme* arrivé à sa dernière phase, il rejette toute révélation et tombe dans l'impiété à l'égard de la personne de Jésus-Christ ; il est l'*encyclopédisme français*, mais avec plus de sérieux moral et scientifique ; il est pour sa partie positive le disciple de *Rousseau*, mais le dépasse dans la négation. Le naturalisme est tout cela, et il est de plus partisan des *Lumières*. — Nous ne parlerons ici que de ses représentants sérieux, et, laissant de côté des aventuriers comme Bahrdt et autres, nous ne l'envisagerons que sous sa forme scientifique.

Le premier écrivain important qui ait professé ouvertement ce système, est *Eberhard.* Cet homme d'esprit, dont la vie s'est étendue jusque dans notre siècle (il mourut en 1809), osa écrire, quoique prédicateur à Berlin, un livre très-acerbe contre la révélation : *Neue Apologie des Socrates, oder Untersuchung der Lehre von der Seligkeit der Heiden* (1.ᵉʳ vol. 1772, 2.ᵉ vol. 1778). Il dit, d'après Marmontel (Bélisaire, chap. xv), que l'importance exclusive attachée au christianisme, n'a été introduite dans cette religion que par l'ambition des prêtres. Si l'on soutient l'hypothèse d'une révélation, et que l'on prétende que hors de l'Église chrétienne il n'y a point de salut, il faudra admettre aussi que Dieu a prédestiné les uns au salut et les autres à la damnation, cette religion révélée n'étant pas parvenue à la connaissance de tous les hommes ; or, une pareille prédestination est contraire à l'idée morale de Dieu. — On le voit, le naturalisme nie tout rapport entre la religion objective et le sujet ; il ne voit dans le christianisme qu'un fait arbitraire, et le rejette au nom de l'humanité, qui ne peut se soumettre à une autorité aussi tyrannique. Citons du reste le parallèle que Eberhard établit entre la religion naturelle et le christianisme : *Vergessen wir für einige Augenblicke, dass es Systeme positiver Glaubenslehren in der Welt gebe. Wir wollen uns einbilden, die Gottheit habe für gut gefunden, uns hier in der Welt der Führung unserer Vernunft zu übergeben, die Entwickelung unserer Kräfte bloss von unserem eigenen Gebrauch abhängen zu lassen, ohne durch eine unmittelbare Dazwischenkunft die*

Entwickelung entweder zu beschleunigen oder zu erhöhen. In diesem Plane der Vorsehung würde keine andere Ausschliessung von dem Wohlgefallen Gottes gegolten haben, als der Mangel an Ehrlichkeit und Gewissenhaftigkeit; man würde also keine Classificationen der Seligen nach Völkerschaften haben machen können; sondern der Grad von Erkenntniss, den ein jeder einzelne Mensch, nach seinen Gaben und nach der Gelegenheit, die er gehabt, sich verschafft hätte, würde gerade derjenige gewesen sein, der ihn zu dem Genuss der Glückseligkeit unter den Augen seines unpartheiischen Schöpfers würde berechtigt haben. — Das allerhöchste Wesen, sagt man, hat diesen Plan nicht gewählt; es hat die Seligkeit an ein Glaubenssystem gebunden, und dieses System ist nur einem kleinen Theile des menschlichen Geschlechts mitgetheilt, und dem grössern versagt worden; alle redliche Bemühungen nach Wahrheit, alle noch so unverdächtige Tugenden sind vergebens, sie können keine Ansprüche an die Huld der Gottheit machen, weil es ihnen an dem richtigen Glaubenssystem gefehlt hat. —

Certes, s'il en est ainsi, si la religion positive n'est qu'une mesure vexatoire de la part de Dieu, si elle ne contient rien qui satisfasse les besoins de mon moi, je ne saurais hésiter à la rejeter!

On peut considérer comme code du naturalisme l'ouvrage de Reimarus, qui, après avoir circulé en manuscrit, fut publié en fragments et sans nom d'auteur par Lessing et plus tard par Schmidt, et est connu sous le nom de *Fragments de Wolfenbüttel.* Nous y trouvons d'abord trois chapitres sur la religion naturelle et la révélation: *Von der Duldung der Deisten* (dans Lessing, III.ter *Beitrag zur Gesch. u. Literatur*, 1774); *Von der Verschreiung der Vernunft auf der Kanzel* (IV.ter *Beitrag*, 1777, erstes Fragm.); *Von der Unmöglichkeit einer Offenbarung, die alle Menschen auf eine gegründete Art glauben könnten* (ibid., zweites Fragm.). Sur l'Ancien Testament les Fragments contiennent ce qui suit: *Dass die Bücher des alten Testaments nicht geschrieben worden, eine Religion zu offenbaren* (IV.ter *Beitrag, viertes Fragm.*); *Vom Durchgange der Israeliten durch das rothe Meer* (ibid., drittes

Fragm.), et enfin, tout ce qui a été livré à la publicité par Schmidt, en 1787 : *Uebrige noch ungedruckte Werke des Wolfenb. Fragmentisten.* Le Nouveau Testament a été attaqué dans le fragment publié à part par Lessing, en 1778 : *Von dem Zwecke Jesu und seiner Jünger;* la critique de la résurrection [*Von der Auferstehungsgesch., IV.er Beitrag, fünftes Fragm.*], qui avait paru l'année précédente, n'en est qu'un morceau détaché.

Comme nous avons déjà parlé des opinions naturalistes sur la révélation, et que la critique de l'Ancien Testament présente moins d'intérêt, nous allons examiner le rôle que le Fragmentiste fait jouer à Jésus. On sait que le christianisme repose tout entier sur le fait historique de la mission divine de son fondateur, mission scellée par le grand miracle de la résurrection. Dès qu'on sape cette base historique, et qu'on renverse le caractère moral de notre Sauveur ou l'authenticité de ses miracles et surtout de sa résurrection, le christianisme perd son principe spécifique et doit nécessairement se convertir en une religion naturelle, ou, comme on le veut de nos jours, en une philosophie spéculative. On conçoit donc l'immense et douloureuse sensation que dut produire le Fragmentiste sur les chrétiens, lorsqu'ils lurent la critique qu'il faisait subir à l'histoire évangélique. On vit alors pour la première fois cette agitation, cette inquiétude générale que l'ouvrage de *Strauss* a de nouveau causé de nos jours; les uns furent entraînés par les arguments de l'adversaire, les autres, au contraire, se raffermirent dans la foi historique, dont ils virent dès lors toute l'importance.

Le but de Jésus, selon le Fragmentiste, était d'établir le royaume messianique conformément aux idées juives; il ne prêchait la conversion morale que comme préparation à ce but (p. 10); sa doctrine était d'ailleurs plus pure que celle des Pharisiens (p. 5, *sq.*). Confondant l'enseignement de Jésus avec celui des apôtres, on croit vulgairement que le maître avait l'intention de fonder une religion nouvelle; rien n'est plus faux, et Reimarus prouve : 1.° *dass er keine neue Geheimnisse oder Glaubensartikel vorgetragen habe;* 2.° *dass er das levitische Ceremonien-Gesetz nicht habe abschaffen wollen* (p. 20 *sqq.*). Les apôtres, et surtout Paul, ont donc agi plus tard contrairement à l'esprit de Jésus (p. 72). — Il faut, en général, distinguer deux *systèmes* chez les apôtres. Pendant la vie de Jésus ils avaient constamment partagé ses espérances, et s'étaient attendus à gouverner avec lui les douze tribus d'Israël et à vivre splendidement. Après la mort ignominieuse de leur chef, ils durent changer leur système; mais, au lieu de modifier leurs idées d'après l'histoire, ils forgèrent une histoire conforme à leurs idées, et inventèrent le fait de la résurrection de Jésus, le dogme de sa mort expiatoire et de sa mission divine, et celui de son retour sur les nuées, pour juger les vivants et les morts (p. 117, *sqq.*).

Réimarus, pour prouver ce qu'il avance, a deux choses à faire : il faut démontrer 1.° l'existence du premier système des apôtres, et 2.° la fausseté des faits sur lesquels leur second système repose.

Les Évangiles ont été écrits sous l'influence du système postérieur; si donc nous y trouvons des traces qui prouvent que la mission de Jésus n'était pas divine, il est évident que le premier système a existé. — Jean-Baptiste fait semblant, lors du baptême, de ne pas connaître son cousin Jésus, pour pouvoir le recommander au peuple comme le futur Messie : il est donc clair que c'était un tour arrangé (*es verräth die Verstellung und abgeredte Karte*), et Jésus ne peut avoir eu une mission divine (p. 129, *sqq.*). C'est aussi ce qui explique pourquoi il ordonnait aux gens de ne pas raconter ses miracles, et à ses disciples de ne pas divulguer sa dignité messianique; il voulait exciter la démangeaison naturelle qu'a l'homme de parler quand on le lui défend (p. 141, 143). Lorsque Jésus croit avoir assez préparé le peuple à une révolution, il veut tenter un coup d'État; il choisit soixante-dix disciples pour remplacer le sanhédrin, monte au temple, y exerce sa prétendue dignité messianique avec despotisme en renversant les tables des changeurs..... Mais il est abandonné du peuple et perd tout courage (*er hatte nicht das Herz, rechte Ostern zu halten*). Enfin, la police s'empare de lui et il meurt sur la croix, le désespoir dans l'âme : *Eli, Eli, lama asaphthani....* (p. 148, *sqq.*)

Le Fragmentiste essaie ensuite de prouver combien le second système est faux; c'est-à-dire, combien les faits sur lesquels il s'appuie, sont controuvés : ces faits sont la résurrection de Jésus-Christ et son retour pour le jugement dernier; on pourrait encore y ajouter les miracles, sur lesquels notre auteur passe, du reste, très-rapidement. — La résurrection est soumise à une triple critique, d'après les trois témoignages qui pourraient en prouver la vérité. I. Le témoignage de la garde du sépulcre n'a aucune valeur; car cette garde n'a jamais existé : Matthieu est le seul qui en parle, et il eût été absurde de faire surveiller le tombeau de Jésus, puisque personne n'avait encore songé à dire qu'il ressusciterait. Il est plus que probable que la voix publique chez les Juifs ne se trompait pas, lorsqu'elle accusait les apôtres d'avoir volé le corps. II. Le témoignage des disciples ne mérite aucune créance; ils se contredisent de la manière la plus grossière, et le récit de l'histoire de la résurrection, contenu dans le Nouveau Testament, ne renferme pas moins de dix antinomies insolubles. III. Les apôtres veulent prouver la résurrection de Jésus-Christ au moyen des prophéties de l'Ancien Testament; *allein ihr Beweis besteht aus lauter nicht dahin gehörigen Dingen, aus Schelten und Schmähen, aus Verdrehung der Schriftstellen und aus falschen Schlüssen und* petitionibus principii [1]. — Nous passons au second fait, le retour de Jésus-Christ pour le jugement dernier. La critique du Fragmentiste consiste à démontrer que les apôtres annonçaient le retour immédiat de leur maître [*sonst würde kein Mensch nach ihrem Messias gefragt, oder sich an ihre Predigt gekehret haben*]; ce retour immédiat n'a pas eu lieu, et le fait qui aurait dû prouver la vérité du second système, se trouve ainsi rayé de la liste des faits historiques (p. 179, *sqq.*).

La tâche que s'était tracée le Fragmentiste est remplie, et il se demande enfin, dans quelle intention les disciples ont altéré l'histoire de leur maître,

---

1 Pour les deux premiers points de cette triple critique, voyez *IVter Beitrag*, 5*tes Fragment*; pour le troisième, *vom Zwecke Jesu*, p. 157, *sqq.*

inventé des faits et créé un nouveau système (p. 229, *sqq*.). Il répond que c'est parce que, habitués à la vie de fainéants qu'ils avaient menée sous Jésus, ils ne voulaient pas retourner à leurs rames et à leurs filets sur le lac de Nazareth. Ils se réunirent en petit comité et, d'après l'expression de d'Holbach, ils virent qu'il ne fallait pas jeter le manche après la cognée : ils inventèrent donc le christianisme! Le Fragmentiste termine par un violent, odieux et habile réquisitoire contre les apôtres, qu'il cite à la barre de la justice comme coupables d'escroqueries et de l'assassinat d'Ananias et de Saphira.

Il faut le dire, le naturalisme aboutit à l'absurde. En enlevant au christianisme toute valeur religieuse, en se renfermant ainsi dans les étroites limites du sujet, il commet un mensonge philosophique. Il fait pour la science de l'esprit ce que ferait pour la philosophie de la nature un idéalisme déraisonnable, qui nierait l'existence du non-moi matériel.[1]

§. 12.

C. *Lessing et les tentatives de réforme.*

La littérature allemande s'était frayé, vers 1760, une voie nouvelle, grâce surtout à la verve, à la netteté de pensée et d'expression, et au profond sentiment esthétique de Lessing. Ce grand écrivain, quoique lié d'amitié avec Nicolaï et Mendelssohn, ne put jamais prendre goût au naturalisme de cette époque qui, dans son étroitesse, osait nier le fait immense du christianisme. Le néologisme, «eau fangeuse, ouvrage de savetier,» lui répugnait également. Il accordait à l'orthodoxie le pieux respect qu'un esprit aussi distingué ne refusera jamais au temple où ses

---

1 Il ne faut pas croire que la critique du Fragmentiste soit désintéressée. Lessing l'avoue lui-même. *Er* [le Fragmentiste] *schliesset so : Die ganze **Religion** ist falsch, die man auf die Auferstehung gründen will : folglich kann es auch mit der **Auferstehung** seine Richtigkeit nicht haben, und die Geschichte derselben wird Spuren ihrer Erdichtung tragen, deren sie auch wirklich trägt.* — Qui ne reconnaît dans ces quelques mots la méthode de Strauss?

pères aimaient à prier; mais, lorsque le principe orthodoxe, niant, lui aussi, un grand fait, le progrès de l'humanité, prétendit régner comme autrefois sur le monde de la pensée, Lessing ne put contenir son indignation, et lança ses immortels écrits contre le pasteur de Hambourg. — Son esprit clair, précis, et aimant un peu à contredire, apercevait facilement les côtés faibles de tous les partis; la polémique acharnée contre le christianisme le ramenait à la foi de ses pères, et une sotte apologie l'en éloignait de nouveau [1]. Il acceptait la révolution; mais il sentait la nécessité de la faire sortir du subjectivisme purement négatif où elle était tombée avec les naturalistes, et de la ramener à un positivisme plus légitimement établi que celui des néologues.

Ce fut pour tirer de sa fausse position ce dernier parti, qu'il publia les Fragments : il avait espéré qu'une négation franche amènerait aussi une franche affirmation. Lorsqu'il vit son attente trompée, il n'abandonna pas encore tout espoir, et, défendant de sa plume éloquente le Fragmentiste, il prouva combien peu on l'avait réfuté.

Pour n'échouer contre aucun des écueils qu'il avait lui-même signalés, Lessing crut devoir séparer la Bible du christianisme, abandonner la première à la critique et conserver la valeur objective du second dans le sentiment religieux du sujet. La Bible n'est pas le christianisme! Tel est le texte de toute la polémique contre Gœze. Le christianisme a existé avant qu'un seul livre du Nouveau Testament ne fût écrit, et pourrait encore exister quand même nous n'aurions plus la Bible. La vérité du christianisme est une vérité éternelle, indépendante de toute vérité historique. Ce n'est pas parce que les apôtres ont enseigné la religion chrétienne, que celle-ci est vraie; mais c'est parce qu'elle est vraie, que les apôtres l'ont enseignée. Les vérités religieuses, ayant leur siége dans le sentiment, sont au-dessus de toute démonstration, et par conséquent aussi de toute attaque. Sans doute, le théologien peut être troublé par des objections qui renversent les démonstrations sur lesquelles il a voulu

---

1 Voyez ses confessions sur ce sujet dans *Theolog. Nachlass*, 1784, p. 90, *sqq.*

faire reposer la religion ...., *aber was gehen den Christen dieses Mannes Hypothesen und Erklärungen und Beweise an? Ihm ist es einmal da, das Christenthum, welches er so wahr, in welchem er sich so selig fühlt. Wenn der Paralyticus die wohlthätigen Schläge des elektrischen Funkens erfährt, was kümmert es ihn, ob Nollet oder Franklin, oder ob keiner von Beiden Recht hat? — Wenn man auch nicht im Stande sein sollte, alle die Einwürfe zu heben, welche die Vernunft gegen die Bibel zu machen so geschäftig ist, so bliebe dennoch die Religion in den Herzen derjenigen Christen unverrückt und unbekümmert, welche ein inneres* Gefühl *von den wesentlichen Wahrheiten desselben erlangt haben.*

Lessing dit que les vérités religieuses sont au-dessus de toute démonstration. Sa puissante raison ne l'en entraîne pas moins à spéculer sur ces vérités, et l'on conçoit qu'il ne pouvait en être autrement, puisqu'il n'avait pas fixé de limites précises où dût s'arrêter le raisonnement. Dans son « Éducation du genre humain, » il expose une brillante philosophie de l'histoire. Acceptant l'idée de Révélation, il fait voir que Dieu peut enseigner aux hommes des vérités qui sont au-dessus de la raison humaine à l'époque où elles sont révélées; mais qui, n'étant pas contraires à cette raison, doivent être plus tard comprises et expliquées par l'humanité : c'est un moyen dont Dieu se sert pour accélérer la marche du genre humain.

Nous avons aussi de Lessing un fragment posthume, *Das Christenthum der Vernunft* (*Theolog. Nachlass*, p. 219, *sqq.*), dans lequel il essaie de construire, *a priori*, la Trinité. Cette tentative n'a du reste rien de neuf, et rappelle celle de Leibnitz et autres.

Il est encore de notre devoir de signaler deux fragments également posthumes, et qui ne font pas beaucoup d'honneur à Lessing : il y tombe dans le néologisme et dans le déisme. L'un d'eux, *die Religion Christi* (*Theolog. Nachlass*, p. 101, *sqq.*), est consacré à établir une distinction entre la religion (toute rationnelle) professée par Jésus-Christ, et la religion chrétienne, qui est incertaine et très-obscure. L'autre fragment est intitulé :

Ueber die Entstehung der geoffenbarten Religion. L'intensité de la religion naturelle varie d'un homme à l'autre. Comme cette diversité aurait pu nuire à la société, on a créé des religions positives, c'est-à-dire, on a fixé de certaines notions conventionnelles que tout le monde devait admettre, et auxquelles on a attribué une origine divine. Toute religion positive a donc du vrai, puisqu'elle est nécessaire, et du faux, puisqu'elle altère la religion naturelle. *Die beste geoffenbarte oder positive Religion ist die, welche die wenigsten conventionellen Zusätze zur natürlichen Religion enthält, die guten Wirkungen der natürlichen Religion am wenigsten einschränkt.* Ainsi donc, toute religion révélée, entre autres le christianisme, est un mal, et ce qui pis est, un mal nécessaire !

Il est, sans doute, inutile de faire une critique de la théologie de Lessing. Nous avons suffisamment montré qu'elle est composée d'éléments divergents, que ce grand écrivain avait bien de la peine à lier ensemble. Il est également évident que le subjectivisme du sentiment, avec ses prétentions de sauver la religion objective, ne pouvait guère tenir tête au naturalisme.

Nous devons en dire autant des systèmes théologiques de quelques autres penseurs distingués de cette époque, dont nous ne pouvons parler plus au long. Il suffit de nommer l'éloquent Herder, qui essaya d'arracher la magnifique poésie hébraïque au scalpel de ce qu'on appelait la « sobriété occidentale, » et le sensible et susceptible Jacobi, qui avait soif de la foi et voulait un Dieu qu'il pût tutoyer.

CONCLUSION.

Le règne de l'autorité a cessé ; Dieu n'a plus acception qu'à la moralité de l'homme ; le sujet refuse à la religion positive toute valeur morale. En d'autres termes, la révolution est accomplie, et le Spinozisme théologique est généralement accepté, et même avec plus de conséquence que n'en avait montré son auteur. La révolution, disons-nous, est accomplie ; mais, d'un autre côté, elle est tombée dans une négation absurde et un subjectivisme sans fond. Une réforme est donc devenue nécessaire. — Comment s'opèrera-t-elle?

Le xviii.ᵉ siècle était tout négatif, tout critique : une philosophie ne pouvait le ramener dans la voie de la vérité qu'en se faisant plus critique que lui encore. Ce qui donnait au naturalisme la suffisance impertinente avec laquelle il niait tout, c'était sa confiance en son entendement, en son excellent bon sens qui saurait bien le tirer de tout mauvais pas. Le culte de la *Raison* était partout, et c'était même le seul culte que l'on tolérât. Qu'il vînt un philosophe hardi, qui, au nom de cette Raison tant invoquée, renversât ses autels et prouvât qu'elle n'était point infinie, — que pouvait répondre le naturalisme? Il lui arrivait ce qui est arrivé tant de fois aux champions de l'autorité, d'être désavoués par cette même autorité dans les prétentions qu'ils soutiennent; les partisans de l'exclusisme de la Raison perdaient leurs armes et ne pouvaient plus combattre.

Cependant dans quel but fallait-il renverser le principe qui avait conduit le naturalisme à une absurde négation? Devait-on confisquer la raison au profit du scepticisme, du dualisme, et retourner ainsi sous le joug de l'autorité? C'eût été renier toute l'histoire moderne et rebrousser chemin. Non, il fallait trouver dans le *sujet* même, dans le *moi*, un point solide, objectif, absolu, sur lequel pût se baser la religion. Ce point, tout un siècle l'avait indiqué : depuis Spinoza jusqu'à Semler, à Reimarus, à Lessing, tout le monde s'était accordé à dire que la moralité est la seule chose nécessaire. Mais personne n'avait encore formulé nettement ce principe moral; personne n'en avait fait réellement un principe absolu. Chez Spinoza, chez Wolff, il était étouffé par la raison théorique; chez les piétistes, par le sentiment; chez les encyclopédistes, par les sens; chez les partisans des lumières, par tout cela ensemble..... Rien de plus bas, de plus subjectif, individuel, variable, égoïste, utilitaire, que la morale du xviii.ᵉ siècle. Il fallait donc la critiquer, la réformer. Alors seulement on pourrait réaliser scientifiquement l'idée exprimée déjà par Spinoza de postuler des croyances, des dogmes, destinés à rendre la morale possible. — Enfin, le réformateur aurait à éviter de tomber, à son tour, dans la négation absurde du naturalisme; il devait essayer de retrouver la vérité dans la religion positive, et examiner quels rapports existent entre elle et la religion rationnelle.

La réforme qui était devenue nécessaire, devait ainsi porter sur les deux points négligés par Spinoza.

Kant fut l'homme chargé par la Providence de l'opérer.

EXPOSÉ CRITIQUE DE LA PHILOSOPHIE DE LA RELIGION DE KANT.

§. 1.er

Caractère du système; division.

Dans la conclusion de mon introduction historique, j'ai essayé de montrer qu'elle devait être la tendance ainsi que le côté polémique de la philosophie de Kant; il s'agit ici de donner une idée exacte de tout le système, et surtout de la place qu'y occupe la religion. — Je suppose d'ailleurs, dans tout le cours de mon travail, chez mes lecteurs la connaissance spéciale des parties du système qui n'ont que des rapports indirects et accidentels avec celle dont je m'occupe.

Kant part du sujet; il veut le *critiquer*, c'est-à-dire, l'examiner, l'analyser. C'est là le caractère qui distingue le plus ce philosophe de ses prédécesseurs, et qui fait qu'il est plus véritablement subjectif qu'eux tous; en effet, personne n'avait encore songé à examiner ce qui appartient vraiment au sujet, et où se trouvent ses limites. — Le premier fait qui se présente à la critique de Kant [1], c'est que le sujet connaît, c'est-à-dire, pense, et puis que le sujet veut ou agit. Il y a donc dans l'*esprit*, c'est-à-dire, dans le sujet, deux facultés, une faculté *théorique*, qui voit, qui connaît (θεωρεῖν), et une faculté *pratique*, qui veut, qui agit (πράττειν). Il y aura donc une double critique, celle de chacune de ces deux facultés.

Tous les historiens de la philosophie sont d'accord sur cette manière d'envisager le système kantien; mais il n'en est pas de même pour la primauté qui revient à l'une ou à l'autre des facultés. Ordinairement, se laissant séduire par l'importance *historique* qu'a acquise la Critique de la raison théorique, on lui accorde aussi la plus grande importance *dogmatique* dans le système. Quant à moi, il m'est impossible de partager cette opinion; il me semble que quiconque a lu les ouvrages de Kant, ne saurait hésiter un instant à la déclarer diamétralement opposée à celle de ce philosophe. — Comme il s'agit ici d'un point d'histoire, je ne vais pas discuter, mais relater les faits : Pour la raison *théorique*, Kant prouve qu'elle ne peut jamais connaître l'infini, l'absolu; que son usage n'est légitime qu'en tant qu'il est borné aux choses sensibles, et que même alors il n'est pas bien sûr que l'esprit puisse connaître quelque chose objectivement. A la raison *pratique* il reconnaît une dignité absolue; il fait de son principe un impératif catégorique, qui a même le droit de commander à la raison théorique. ..... Il est donc évident que le principe positif, ou, plus exactement, le principe absolu de la philosophie kantienne repose dans la raison pratique. — C'est là un point on ne peut plus important, c'est la clef de tout le système.

Jusqu'ici nous n'avons encore rien vu qui eût rapport à la religion. Il faut faire un pas de plus. Dans la raison *théorique* nous rencontrons un singulier phénomène : cette raison, avons-nous dit, ne peut légitimement s'occuper du monde infini, absolu, transcendant; eh bien, il se trouve que cette même raison ne peut pas ne pas s'en occuper, et

---

1 Kant analyse les faits; il ne les construit pas *a priori*.

qu'ainsi elle se fait forcément sur ce monde des *idées* qui sont inévitablement sans fondement réel, des idées dont on ne peut point dire si elles correspondent à un objet dans la réalité. Ces idées sur le monde transcendant sont, on le conçoit facilement, celles qui de tout temps ont trouvé place dans la religion : l'*âme* (surtout son immortalité), le *monde* (la liberté peut-elle trouver place dans le monde?), *Dieu* (son existence). Ainsi donc la raison théorique se forme inévitablement ces idées-là, qui ne sont cependant que des illusions, c'est-à-dire des représentations sur la réalité desquelles cette même raison ne peut rien statuer. — La *raison pratique* consiste dans l'impératif catégorique du devoir; mais il se trouve à côté de ce principe une autre causalité qui est hétéronome, c'est-à-dire, qui est en contradiction avec cette loi morale. La raison pratique, en vertu de sa dignité absolue, a le droit de statuer, de postuler un état de choses où cette hétéronomie cesse : cet état de choses ne peut exister que dans la supposition de la liberté, de l'immortalité de l'âme, de l'existence de Dieu. La raison pratique *postule* donc ces idées religieuses.

La *philosophie de la religion* kantienne se compose, on le voit, de deux parties : l'une négative et rentrant dans la critique de la raison théorique; l'autre, positive et résultant de la critique de la raison pratique.— Nous aurons encore une autre partie, qui devra traiter d'un essai que fit Kant pour *s'accommoder* à la religion chrétienne; il a d'ailleurs modifié son système dans le livre qui contient cet essai (*Religion innerhalb der Gränzen der reinen Vernunft*).

Il me reste encore à dire, ce qui j'espère ressortira clairement de tout mon exposé, que le côté faible de cette philosophie est un profond *dualisme* qui ne permet aucune conciliation des deux termes; on a déjà pu voir par ce qui précède, que la religion est précisément destinée à faire cesser ce dualisme, cette antinomie; ma critique consistera surtout à prouver qu'elle n'y parvient pas.

PREMIÈRE PARTIE.

Les idées religieuses de la raison théorique.

I. FORMATION DE CES IDÉES.

§. 2.

On sait que Kant distingue, dans la faculté théorique de l'esprit, la *sensibilité* (*das sinnliche Vermögen*); l'*entendement* (*Verstand*), et la *raison* (*Vernunft*). — L'esprit reçoit, par la faculté que nous avons nommée la SENSIBILITÉ ou la *sensation*, les *impressions* des objets extérieurs; il les reçoit dans ses formes subjectives, ou, en d'autres termes, d'après les lois qui le régissent. Or, ces lois lui font percevoir les objets comme existant *l'un à côté de l'autre*, c'est-à-dire, dans l'*espace*; et *l'un après l'autre*, c'est-à-dire, dans le *temps*. Le temps et l'espace sont ainsi pour la sphère de l'intuition les formes et les modes d'action de l'esprit. Reçue dans ces formes vides et subjectives, l'impression devient une *image* (*Vorstellung*). Ce n'est donc qu'à l'image que le temps et l'espace sont applicables; quant à la *chose elle-même* (*das Ding an sich*), elle est indépendante de ces formes, puisque, ne pouvant percevoir que des images, nous ne parvenons jamais à faire rentrer dans les formes de notre esprit la chose elle-même. Nous ne savons donc rien de celle-ci,

---

1 *Critik der reinen* [*theoretischen*] *Vernunft, von* Imm. Kant, 1781. Je cite d'après la 4.ᵉ édition de 1792. La première, écrite avec plus de feu et d'entrain, contient souvent des expressions dont la hardiesse se rapproche de l'idéalisme absolu de Fichte. Effrayé des conséquences que ses adversaires en tiraient, Kant affaiblit dès la seconde édition de cet ouvrage ce qui lui semblait trop idéaliste. La première est donc plus intéressante, mais la seconde et les suivantes (6.ᵉ, Leipzig, 1818) représentent plus fidèlement le système kantien dans toute sa pureté. — Quelque lourd et mal écrit que soit ce gros livre (XLIV et 884 pages), il me semble être l'œuvre la plus originale et la plus importante qu'aucun philosophe ait jamais composée. — C'est dans l'esprit de la seconde édition que Kant publia, en 1783, ses *Prolegomena zu einer jeden künftigen Metaphysik*.

et notre connaissance ne s'étend qu'aux *phénomènes*, c'est-à-dire, à ce qui *paraît*, et non à ce qui *est ;* en d'autres termes, nous ne connaissons pas les choses telles qu'elles sont objectivement.

Ces images données par la sensibilité doivent elles-mêmes devenir la matière d'une nouvelle opération. L'ENTENDEMENT les reçoit dans ses formes (les catégories), et établit des rapports, des *jugements* (*Urtheile*) entre elles. C'est là la pensée. Elle ne nous donne pas, on le conçoit, les rapports qui existent entre les *choses* (que nous ne connaissons pas), mais ceux que l'esprit établit nécessairement entre les images fournies par la sensibilité, l'expérience. — L'entendement seul ne peut d'ailleurs nous donner des connaissances : par exemple, quand j'aurais prouvé que le cercle doit être rond, je n'aurais rien fait d'autre que de montrer qu'il faut *penser* que le cercle est rond ; quant à la question de savoir s'il existe des cercles, l'expérience seule peut y répondre. Les élucubrations du raisonnement pur n'ont aucune valeur objective ; ce n'est que réunis que l'entendement et la sensibilité peuvent nous procurer de véritables connaissances. Ces connaissances n'ont donc nécessairement d'autre objet que le monde phénoménal, et ne peuvent, d'un autre côté, jamais rien fixer sur la véritable nature des choses elles-mêmes. Celles-ci forment un monde à part, que Kant appelle (par opposition au monde phénoménal, empirique) le monde des *noumena*, et qui nous restera toujours fermé, parce qu'il ne peut tomber sous les sens ; nous n'en connaissons même l'existence que par supposition, supposition nécessaire, vu les limites que nous sommes obligés de reconnaître à notre entendement.

Lorsque l'esprit, abandonnant le monde phénoménal, veut s'élever à l'absolu, il se sert de la RAISON. La raison n'est que l'entendement élevé à une puissance infinie. Elle est la *faculté du syllogisme*, et en même temps elle donne naissance à de certaines *notions ;* c'est là un usage *formel*, logique, et un usage *réel*, transcendental. Nous nous occuperons d'abord du premier ; car, comme nous le verrons, la table des fonctions nous donnera aussi celle des notions qui en dérivent.

Quant à l'usage logique de la raison, on peut dire qu'elle est la faculté des *principes*. Un principe est tout ce qui est comparativement général; la connaissance au moyen de principes est donc celle que j'obtiens en reconnaissant le particulier dans le général, c'est la connaissance *syllogistique*. Dans tout syllogisme, la raison conclut, c'est-à-dire, établit un rapport entre la majeure et la mineure; il y aura donc autant d'espèces de syllogismes qu'il peut y avoir de rapports, — c'est-à-dire, trois : les rapports ou syllogismes *catégoriques*, *hypothétiques* et *disjonctifs*. — La conclusion est l'œuvre de la raison; mais conclure n'est autre chose que faire rentrer (*subsumiren*) un jugement particulier dans une notion plus générale. Si donc un jugement quelconque est donné, la tâche de la raison est de lui trouver une condition sous laquelle on puisse le ranger, c'est-à-dire, de lui trouver une notion générale. Mais cette condition ou notion devra reposer elle-même sur une condition plus élevée, et la raison devra donc poursuivre toute la série ascendante des conditions, jusqu'à ce qu'elle arrive à une notion supérieure à toute condition, c'est-à-dire, absolue. On le voit, la tâche de la raison est de trouver l'absolu, qui est la condition de la connaissance finie de l'entendement; en d'autres termes, elle doit compléter l'unité de l'entendement (*Critik*, p. 361 et 364).

Mais nous voici arrivés au second usage de la raison, à ses *notions transcendentales*, qui sont précisément cet absolu auquel la raison est obligée de remonter; ce sont des notions aprioristiques absolues, c'est-à-dire des *idées transcendentales* [1]. Puisque c'est la faculté syllogistique de la raison qui nous y conduit, nous pouvons supposer que nous

---

1 Le mot *idée* (=image) a été introduit dans la philosophie par Socrate et Platon, qui lui donnèrent la signification de *notion générale et aprioristique* (telle qu'elle se trouve en Dieu). Plus tard, ce terme perdit ce sens élevé, et les philosophes anglais surtout entendent par idée *une notion quelconque*. Kant non-seulement lui rendit son sens primitif (que les mystiques lui avaient toujours conservé), mais il y ajouta même la signification plus élevée de *notion absolue*. Tous les philosophes allemands suivirent son exemple.

trouverons autant d'*idées* qu'il y a de formes syllogistiques. Tout comme,
dans l'entendement, les catégories ne sont autre chose que les formes
de jugement changées en notions de synthèse des intuitions, nos idées
transcendentales ne seront également que la notion de l'*unité ou synthèse*
absolue *de* **toutes** *les intuitions*. Nous en avons donc trois d'après
les formes syllogistiques : d'abord l'absolu de la synthèse *catégorique*
dans un *sujet*, puis celui de la synthèse *hypothétique* des membres
d'une *série continue (Reihe)*, enfin troisièmement l'absolu de la synthèse
disjonctive des parties d'un *système*. Nous avons *sujet absolu, continuité
absolue, totalité absolue*. — Par une autre déduction nous arrivons au
même résultat : ces idées doivent être les rapports les plus généraux,
puisqu'elles naissent de la conclusion, qui n'est elle-même qu'un rapport.
Or les rapports les plus généraux sont ceux avec le *sujet* et ceux avec
les *objets*, soit objets de l'*intuition*, soit objets de la *pensée*. L'idée est
l'unité absolue de ces rapports ; ainsi nous avons unité absolue du *sujet*
[*pensant*], unité absolue de la *continuité des conditions des phénomènes*
(*absolute Einheit der Reihe der Bedingungen der Erscheinung*), et enfin
unité absolue de la *condition de tous les objets de la pensée* (*absolute
Einheit der Bedingung aller Gegenstände des Denkens überhaupt*).
Le sujet pensant c'est l'*âme*, la totalité des phénomènes c'est le *monde*,
et la « chose » (*sic!* p. 391), qui est la condition suprême de la possibilité
de tout ce qui peut être pensé, c'est l'*Ens realissimum*, l'être des êtres,
c'est *Dieu*.

Mais ici se présente une question capitale, c'est de savoir *quelle est
la valeur de ces trois idées transcendentales ?*

D'abord il est positif que notre raison est *obligée* de penser ces idées.
En effet « dès qu'un jugement est regardé comme conditionnel, la raison
est forcée de supposer que la série des conditions supérieures est complète, et que leur totalité est donnée » (p. 388; *cf.* p. 379 *sq.*). Ainsi
ces idées sont des *problèmes* de la raison, problèmes qu'elle *doit* résoudre (p. 392). — Mais le *peut*-elle ? Ces idées ont-elles une réalité ? —
Non, car elles n'ont aucun rapport avec un objet quelconque qui leur

soit congruent (p. 393); l'objet d'une idée transcendentale est quelque chose dont nous n'avons pas de notion, ou plutôt dont nous n'avons aucune *connaissance*, mais seulement une notion problématique qui ne peut se rencontrer dans l'expérience et devenir objet de l'intuition (p. 397). — Ainsi d'un côté nous sommes obligés de penser ces idées (comme existant), et de l'autre nous devons nous dire qu'elles ne sont que des idées, c'est-à-dire qu'elles sont sans réalité. Nous ne pouvons penser des objets en général sans supposer ces idées, et nous devons pourtant nous rappeler que ces idées n'influent nullement sur les objets, qu'elles ne sont que des formes subjectives de notre pensée. — Il y a donc ici une contradiction flagrante qu'il est impossible de faire disparaître. La science de ces contradictions inévitables se nomme *dialectique*, et comme ces idées ne sont qu'une apparence, une illusion (*Schein, Illusion*), on peut définir la dialectique la science de l'apparence, la science des illusions inévitables (*des unvermeidlichen Scheins*). [1]

Avant de passer à l'application de cette science ou critique à chacune des trois idées transcendentales, qu'il nous soit permis de demander quel profit nous retirerons de cette critique. Détruirons-nous, pour notre propre intelligence, cette fatale illusion? — Nullement; pas plus que l'astronome avec toute sa science ne peut empêcher que la lune ne lui paraisse plus grande à son lever, le philosophe critique ne pourra faire disparaître l'apparence, l'illusion de la réalité des idées. *Denn wir haben es mit einer* natürlichen *und unvermeidlichen Illusion zu thun, die selbst auf subjectiven Grundsätzen beruht, und sie als objective unterschiebt* (p. 354). C'est la raison elle-même qui se joue de nous et nous trompe. *Es sind Sophisticationen, nicht der Menschen, sondern der reinen Vernunft selbst, von denen der weiseste unter allen*

---

1 Kant est le premier qui ait ôté à ce mot de *dialectique* sa signification *d'art de discuter*, pour lui donner le sens scientifique et philosophique indiqué dans le texte. Ses successeurs ont suivi son exemple, et Hegel appelle sa logique métaphysique une *dialectique*, parce qu'elle montre *l'apparence* qui résulte de la lutte de l'être et du non-être. — Cette apparence n'est autre chose que l'univers, produit du „ procès. "

et jamais dans l'état abstrait, vide et sans contenu (*bestimmbar*).
Menschen sich nicht losmachen, und den Schein, der ihn unauf-
hörlich zwackt und äfft, niemals loswerden kann (p. 397). — Tout
le profit que nous retirerons de la dialectique, sera de savoir que la
raison nous trompe, ce sera «peut-être, après beaucoup de peines,
d'éviter l'erreur» (*ibid.*), c'est-à-dire encore de savoir que nous sommes
dans l'erreur.

II. CRITIQUE DE CES IDÉES.

A. *L'idée de l'*AME *ou le paralogisme de la raison.*

§. 3.

L'idée de l'âme est l'objet de la *psychologie rationnelle*. Cette prétendue science exige que, faisant abstraction de toute expérience et
impression qui pourrait déterminer le *moi*, on s'en tienne à ce que l'on
peut déduire de la notion abstraite du *moi* (p. 400). En effet, le plus
petit objet de perception qui viendrait s'ajouter à la conscience, trans-
formerait la psychologie rationnelle en empirique (p. 401). — Examinons
de plus près ce moi abstrait, transcendental. Il n'est au fond qu'une
représentation (*Vorstellung*) tout à fait vide de contenu, si bien qu'on
ne peut pas même dire qu'il soit une *notion* (*Begriff*); il est plutôt la
conscience qui *accompagne* toutes les notions [1]. C'est lui qui les unit, qui
en est le lien, qui est l'unité nécessaire pour la connaissance (p. 404). [2]
Il est le sujet, c'est-à-dire le lien des pensées; mais il est $\doteq x$, car nous
ne le connaissons et sentons que par les pensées qui en sont les attributs,
nous ne le connaissons que dans l'état déterminé (*bestimmt*), empirique,

---

1 ..... *ein blosses Bewustsein, das alle Begriffe* BEGLEITET. On sait que Hegel donnait à cette expression, bien singulière en effet, l'épithète de *barbare*.

2 On peut donc, quoique Kant ne le dise pas formellement, le comparer aux
catégories; car il n'est au fond que la catégorie la plus générale, celle qui contient
les autres [Fichte]. — Voyez, au reste, l'expression citée plus bas : *le moi pense les*
catégories.

Il est le «je pense,» le *cogito*, — pas celui de Descartes qui signifie
«j'existe pensant» et qui indique par conséquent un état déterminé, un
fait, — mais le «je pense» virtuel, problématique. Il n'est pas un *objet*
de la conscience, il en est la *forme* au contraire (p. 404, *sq.*), et si
tout à l'heure nous l'avons nommé représentation, ce n'est qu'impro-
prement parlant; car une représentation ne se rapporte qu'à un objet. —
Le résultat évident de ce que nous venons d'avancer, c'est que «avoir
conscience de moi comme pensant, n'est pas encore me connaître;»
car «connaître n'est autre chose que déterminer une intuition par
rapport à l'unité de conscience», c'est-à-dire par rapport au moi.
Pour me connaître «il faudrait donc que j'eusse l'intuition du moi, et
que je la misse en rapport avec les fonctions de la pensée;» mais le
moi n'étant qu'une forme vide, ne peut être perçu par l'intuition, la
sensibilité, je ne peux donc absolument pas me connaître (p. 406,
comp. à 404). — Kant ne va pas plus loin; il peut en effet toujours
supposer un *noumenon* inconnu, un *x* derrière ce moi formel, *x* dont
l'esprit n'aura jamais la moindre notion. Pour ses successeurs, qui ont
oublié ce monde des *noumena*, le *moi* a cessé d'exister comme substance; il n'est plus qu'une forme; il est le nœud qu'a noué pour un
moment le jeu de l'être et du non-être (*der Weltprocess*), et son but
le plus élevé est donc de s'anéantir et de se dénouer le plus tôt possible,
pour accélérer la marche incessante de la lourde machine panthéiste.

Après avoir exposé les principes que nous venons de développer,
Kant passe à la critique détaillée de la psychologie rationnelle ordinaire
(c'est-à-dire Wolffienne). Cette psychologie part, sans préambule, de l'idée
abstraite du *moi* et veut en déduire tous les attributs de l'âme. Comment
obtient-elle sa notion du *moi?* Évidemment par quelque faute logique.
En effet, lorsqu'elle veut la prouver par un raisonnement, elle la suppose
d'avance, elle commet un *paralogisme :* ce mot résume pour Kant toute
cette critique (p. 397, *sq.*).

Il nous expose lui-même ce faux raisonnement dans le syllogisme
suivant :

Majeure : Ce qui ne peut être pensé que comme sujet, n'existe aussi que comme sujet, comme substance.

Mineure : Or un être pensant, considéré comme tel, ne peut être pensé que comme sujet.

Conclusion : Donc cet être pensant (par exemple le moi) n'existe que comme sujet, comme substance.

La faute de ce raisonnement est patente; c'est sur le mot *penser* que roule le sophisme. Dans la majeure on parle d'objets qui peuvent être *pensés*, c'est-à-dire *connus*, ou bien *pensés* ET SENTIS comme sujets; on parle d'objets qui sont objets de l'intuition. Dans la mineure on suppose qu'il en est de même du moi, mais c'est précisément ce qu'il fallait prouver; oui, le moi doit être *pensé* comme sujet, mais il ne saurait être *senti* et connu comme tel. — Ainsi, ou bien la majeure est fausse [si le mot *penser* y est pris dans son sens propre et exact], ou bien la majeure et la mineure sont vraies, mais sans rapport entre elles [puisque dans la majeure *penser* est pris au sens large = connaître, tandis que dans la mineure il est employé au sens propre et exact]; ou bien encore la mineure est fausse (si *penser* y est synonyme de connaître). Dans les trois cas il y a sophisme (*cf.* p. 410 *sq.*). — Sans doute lorsque nous disons que le moi doit être *pensé* (*sensu stricto*) comme sujet, nous avouons que ce sophisme ou paralogisme est nécessaire, inévitable pour la raison, nous avouons qu'il est *transcendental*. Mais, comme nous l'avons déjà vu, c'est là précisément l'illusion, la dialectique de la raison.

Kant poursuit encore la prétendue psychologie rationnelle dans les conséquences qu'elle prétend tirer de sa fausse notion du moi. Tous les attributs qu'elle en déduit, elle les obtient, dit-il, en appliquant à cette notion abstraite les quatre catégories. Mais, comme il le remarque, le *moi* «sujet des catégories» ne peut devenir leur objet, car encore une fois, il n'est vraiment le moi qu'en tant que «il pense les catégories» [expressions de Kant lui-même, p. 422]. Nous devons donc nous attendre pour chaque catégorie à un nouveau paralogisme, qui au fond est toujours le même (*Cf.* p. 402 *sq.*, 407 *sqq.*).

10

- 1. *Catégorie de la relation* : C'est le paralogisme que nous avons développé comme exemple général. Dans tout jugement je suis le *sujet* du rapport qu'exprime ce jugement; car dire que *je pense*, et dire que *je suis le sujet de la pensée*, c'est tout simplement faire une tautologie, c'est exprimer deux propositions identiques. — La psychologie rationnelle en conclut que je suis un *individu*, un *sujet*, une *substance*, une *substance immatérielle*.

2. *Catégorie de la qualité* : Le moi, étant le lien d'unité dans l'aperception, doit être un *sujet logique simple*. — On en veut conclure que je suis une substance *simple*, partant *incorruptible*.

3. *Catégorie de la quantité* : Le penser étant identique, le moi [sujet logique et transcendental] l'est aussi. — La psychologie rationnelle en déduit son identité comme *objet*, c'est-à-dire son unité, sa *personnalité*. Cet attribut, joint aux deux précédents (l'immatérialité et l'incorruptibilité), nous donne la notion de *spiritualité*.

4. *Catégorie de la modalité*. Moi, sujet pensant, je distingue ma propre existence de celle des autres choses hors de moi, ainsi aussi de celle de mon corps. Cette proposition est analytique, car les *autres* choses (qui sont le non-moi) sont précisément celles que je pense comme distinctes de moi. — Il s'ensuit, pour les Wolffiens, que l'âme, comme *objet*, est distincte du corps et du monde matériel, qu'elle est *anima*, c'est-à-dire principe de vie. En combinant cette notion avec celle de la spiritualité, on obtient pour résultat que l'âme est *immortelle*.

B. *L'idée du* MONDE *ou l'*ANTINOMIE *de la raison. — Possibilité de penser une cause libre et une cause première.*

§. 4.

La critique de l'idée du monde est très-certainement celle qui a été la plus fertile en résultats pour la philosophie, car c'est sur elle que repose toute la dialectique ou logique hégélienne. Cependant, comme d'un autre côté elle touche moins que les autres idées à la religion,

nous la traiterons comparativement avec plus de brièveté. — Nous avons
déjà vu qu'elle repose sur le syllogisme hypothétique, c'est-à-dire, qu'un
pareil syllogisme étant donné, la raison recherche la condition sur laquelle
repose la majeure, qui est elle-même condition de la mineure; de la
condition de la majeure la raison doit encore remonter à une condition
supérieure et ne peut s'arrêter que lorsqu'elle a remonté toute la série
des conditions, lorsqu'elle est arrivée à l'infini, l'absolu, le non-con-
ditionnel (*das Unbedingle*). Si cette opération de la raison pouvait s'appliquer aux choses elles-mêmes, si elle en était la loi, c'est-à-dire, si la
condition et le conditionnel étaient des *choses*, — toute la série serait
trouvée dès qu'un seul objet serait donné, puisque cet objet devrait être
le résultat de toutes les conditions précédentes. Mais, comme nous ne
connaissons point les choses elles-mêmes et que notre esprit n'opère
que sur des phénomènes, nous ne pouvons conclure ainsi, nous ne
pouvons dire que toute la série soit complète. En effet, les phénomènes
n'ayant point d'existence propre, leur existence ne dépend pas de la série
précédente, et l'on ne peut remonter, par le raisonnement, d'un phénomène comme chose conditionnelle à une série qui en serait la prétendue condition. Les phénomènes ne sont que des représentations, ils
n'existent qu'en tant qu'ils se trouvent dans l'intuition. La série complète
des phénomènes ne pourrait donc être donnée, que si elle était donnée
dans l'intuition, la sensation; mais, comme la sensation ne peut saisir
l'infini, la série n'existe jamais pour nous. Cette série de conditions n'est
donc que l'idée de la tâche qu'a la raison de s'élever à l'infini, tâche
qu'il est pourtant impossible de remplir. C'est en considérant à tort cette
tâche comme accomplie, c'est en appliquant une idée purement transcendentale aux choses elles-mêmes, qui sont transcendantes, c'est en
oubliant que nous ne connaissons pas les choses, et que les phénomènes
ne sont pas objectifs, en un mot, c'est en commettant un sophisme dialectique que la raison obtient l'idée du monde (p. 526, *sqq.*).

  Mais cette idée faussement acquise a cela de particulier qu'elle peut
être envisagée de deux côtés, qu'elle est soumise à des contradictions,

qu'elle est une *antinomie*. En effet la série des conditions ne peut s'arrêter qu'une fois parvenue à l'absolu, et cet absolu se présente de deux manières : on peut dire qu'il n'est autre chose que la série elle-même, finie dans ses parties, infinie dans son tout; ou bien aussi l'absolu est lui-même une partie de la série, le commencement, dont toutes les autres parties dépendent (p. 445). Cette double face, cette antinomie se reproduira pour tous les points de vue sous lesquels on considérera la série des conditions ou le monde. Or il y a quatre de ces points de vue, d'après les quatre catégories : la *quantité* nous fait envisager le monde comme série du *temps* et de l'*espace*, la *qualité* comme série de la *matière* ou de la substance; puis viennent encore les séries de *causalité* et de *modalité* (p. 438, *sqq.*). Nous aurons donc les antinomies suivantes :

I. [Thèse] : Le monde a un commencement dans le temps, et des limites dans l'espace;

ou bien [antithèse] : il est infini sous ces deux rapports.

II. Le monde est composé de substances simples et la division de la matière doit avoir une limite;

ou bien : cette division n'a pas de limites et il n'existe point de substances simples.

III. En remontant dans la série des causes, on arrive à une cause qui est sa propre causalité, c'est-à-dire, qui est libre;

ou bien : Toute cause repose sur une autre cause, et il n'y a point de liberté.

IV. La série ascendante (*regressus*), qui part d'un objet existant, doit arriver à un être nécessaire, qui comme objet existe *dans le monde;*

ou bien : Rien de nécessaire ne peut exister, puisque tout dans le temps est soumis au temps, c'est-à-dire, est contingent.

Ce n'est point un vain jeu d'esprit que Kant veut nous présenter ici; il prend bien soin de nous le rappeler, et il répète à plusieurs reprises que dans les démonstrations des antinomies il n'emploie pas des *arguments d'avocat* (*Advocaten-Beweise*). Nous voulons bien croire que telle est son intention, et nous ne le confondons pas avec les disciples de la chicane. Néanmoins nous devons blâmer la méthode qu'il suit; elle consiste à prouver dans la *thèse* que l'antithèse *seule* ne peut exister, et à prouver dans l'*antithèse* que la thèse *seule* ne satisfait pas. Personne de nos jours ne voudra prétendre le contraire; mais faut-il conclure de ces deux argumentations, que ni la thèse, ni l'antithèse ne soient vraies? Certes non, mais bien plutôt que la thèse ou l'antithèse *seule* est exclusive, et que l'union ou synthèse de la thèse et de l'antithèse est la vérité. C'est Hegel qui a osé tirer ces conséquences; mais si Kant n'est pas allé jusque-là, reconnaissons du moins l'immortel mérite qu'il s'est acquis en découvrant enfin par cette dialectique des antinomies la fausseté d'un raisonnement purement dogmatique [Les antinomies et leurs preuves, p. 454-489].

Un simple coup d'œil jeté sur les quatre antinomies doit nous convaincre que toutes n'ont pas la même valeur pour la critique de la religion, et que ce sont surtout la troisième et la quatrième qui doivent attirer notre attention, vu le but que nous nous sommes proposé. — Dans l'antinomie de *la liberté et du fatalisme* (la III.ᵉ), nous n'avons parlé que de la liberté *cosmologique*, c'est-à-dire, de la faculté de commencer par soi-même toute la série de la nature. Mais cette liberté transcendentale n'est pas la seule, il y a encore ce que Kant appelle la liberté *pratique*, c'est-à-dire la liberté de l'homme, qui n'est au fond qu'une espèce de cette liberté transcendentale [1]. Notre tâche doit être ici, non pas d'en prouver l'existence, mais seulement la *possibilité*. — D'abord, il va sans dire que si la liberté cosmologique est impossible, la liberté anthropologique l'est aussi, puisque celle-ci est également la faculté de se déterminer en dehors des lois de la nature. Or, nous avons vu que dans le système dialectique des antinomies, cette liberté est impossible; pour la sauver, nous devrons donc abandonner le terrain trompeur de

---

1. Ainsi que nous le verrons plus tard, ce n'est que dans l'intérêt de la loi morale ou de la raison pratique que Kant distingue ici ces deux libertés; il n'aurait dû parler au fond que de la liberté en général. — La liberté cosmologique est celle de Dieu.

l'apparence et nous réfugier dans le raisonnement critique; de cette manière nous parviendrons peut-être à une solution satisfaisante de l'antinomie. — De *transcendentale* la liberté doit devenir *transcendante* (p. 593). En d'autres termes, si les phénomènes sont les choses elles-mêmes, la liberté est immanquablement perdue (p. 564), puisque notre raison, qui a pour objet les phénomènes, statue le fatalisme, la série de causalité des phénomènes ne pouvant être interrompue. Mais si les phénomènes ne sont, comme nous l'avons prouvé, que de simples représentations, il faut qu'ils aient des causes qui ne soient pas elles-mêmes des phénomènes, c'est-à-dire, qui soient *intelligibles* [1], qui soient des *noumena*. La *causalité* de ces *noumena* est en dehors de la série des phénomènes, elle peut donc être libre, tandis que leurs *effets*, étant des phénomènes, sont dans la série phénoménale, sont déterminés par d'autres phénomènes, et se trouvent ainsi produits par la loi fataliste de la nature [2]. Nous pouvons donc regarder la causalité d'un *noumenon* d'abord, dans son action, comme intelligible et libre, puis, dans ses effets, comme sensible, empirique et nécessaire. En d'autres termes, nous pouvons dire que cette causalité a deux *caractères*, un caractère *intelligible*, et un caractère *empirique*. D'après ce dernier, les *effets* du sujet *noumenon* ne sont autre chose qu'une partie du monde phénoménal; ils sont produits par des causes sensibles, et produisent eux-mêmes des phénomènes selon la loi de la causalité de la nature. En vertu du carac-

---

1 Kant appelle *intelligible*, non pas ce qui peut être compris ou ce qui est intellectuel, mais ce qui est l'opposé de *sensible*, ce qui n'est pas phénoménal, ce qui est un attribut du *noumenon*. Intelligible est l'adjectif de *noumenon*, comme sensible ou phénoménal est celui de phénomène.

2 Inutile de rappeler que les phénomènes n'étant qu'une représentation, une image dans notre esprit, les effets de la causalité intelligible ne sont phénomènes que *pour nous*, et ne sont produits par des phénomènes que *pour nous*, c'est-à-dire, *paraissent* seulement être le résultat d'une série phénoménale. Cette théorie ne contredit donc point celle qui prouve l'impossibilité de remonter *réellement*, *objectivement*, la série phénoménale; théorie sur laquelle repose toute l'antinomie dialectique, et qui se trouve exposée au commencement du paragraphe.

tère intelligible, au contraire, le *sujet noumenon* se trouve en dehors
de la série de temps et de causalité, et en parfaite indépendance des
phénomènes; il est libre et l'on peut dire qu'il commence de lui-même
une série de faits dans le monde phénoménal, sans qu'en lui cette série
ait pris un commencement. — Ainsi, nous nous résumons en disant que
la liberté est *possible* à côté de la loi de la nature : ces deux causalités
peuvent se rencontrer dans un seul et même acte, suivant qu'on lui suppose une cause intelligible ou sensible. Il va donc sans dire que lors
même que l'on admet pour un fait une cause intelligible et libre, on
n'en doit pas moins rechercher les causes sensibles et nécessaires qui
l'ont produit en tant que phénomène.

Un exemple donnera plus d'évidence et de clarté à tous ces raisonne-
ments : L'homme, étant un phénomène sensible, a un caractère empirique,
qui ne peut être reconnu que par l'expérience, et qui n'est autre chose
que l'ensemble des principes subjectifs qui le déterminent. Tous les actes
sensibles de l'homme découlent de ce caractère, et si nous le connaissions
parfaitement, nous pourrions reconnaître la nécessité de toutes ses actions.
Ainsi donc pour le caractère empirique il ne saurait y avoir de liberté. —
Mais l'homme — et ce n'est encore ici qu'une simple *supposition* —
l'homme est aussi un *noumenon*; comme tel il a un caractère rationnel,
intelligible, une raison (raison pratique). Cette raison ou ce caractère
intelligible est en dehors de la forme et de la série du temps; la causalité
ne peut donc en être celle de la nature — et nous disons qu'elle est libre.
Nous ne connaissons ce caractère intelligible que par le caractère empirique qui en est l'effet; nous pouvons dire que la raison est une faculté
par laquelle commence la condition empirique d'une série d'effets sensibles, ou en d'autres termes, qu'elle est la véritable causalité du caractère
empirique; mais nous ne pouvons nullement dire pourquoi ni comment
la raison se décide de telle et telle manière. — Nous pouvons remonter
jusqu'au caractère intelligible, mais nous ne pouvons aller plus loin et
l'expliquer lui-même. Lorsqu'un individu commet un mensonge, nous
pouvons montrer que cet acte était nécessaire à cause de son caractère

(caractère empirique), à cause de son tempérament, de son éducation, de ses fautes antérieures qui l'ont perverti, etc.... Mais d'où vient ce caractère empirique? — Il est le produit de la raison, du caractère intelligible. — Et quand ce caractère intelligible s'est-il tourné vers le mal? — Quand?.... le caractère du *noumenon* étant en dehors du temps ne se décide pas dans le temps. — Mais au moins, pourquoi la raison a-t-elle pris un mauvais caractère? — Il n'y a point de réponse à faire à cette question, elle est au-dessus de notre portée, elle demande la causalité d'un *noumenon!* Il vaudrait tout autant demander, dit Kant, pourquoi l'intuition ne se fait que dans la forme du temps et de l'espace, et non dans une autre. — Ainsi, le résultat de tout ce qui précède, c'est que, s'IL EXISTE une liberté, elle appartient au *noumenon*, et n'est, par conséquent, pas en contradiction avec la loi de causalité naturelle. — Voilà tout ce que la raison théorique peut dire à ce sujet; bien loin de pouvoir prouver l'existence de la liberté, elle n'en prouve pas même la *possibilité* EN SOI, mais seulement la possibilité *pour nous* de la *penser* (p. 560-587).

Kant procède tout à fait de la même manière pour la solution de la quatrième antinomie, et il arrive au même résultat : Si les phénomènes sont les véritables objets, il ne peut exister un être nécessaire, puisque dans la sensation, dans l'intuition, tout est contingent. Mais heureusement on peut placer cet être nécessaire en dehors de la série contingente et phénoménale, et en faire par conséquent un *noumenon*, qui soit la condition des phénomènes. — Cette solution diffère un peu de celle de la troisième antinomie, où la *chose*, le sujet, était une *substantia phænomenon* et faisait partie de la série conditionnelle, quoique sa *causalité* fût intelligible. Ici, au contraire, la chose est elle-même en dehors de la série, elle est un *Ens extramundanum* (p. 589). Mais le résultat des deux solutions est identique en ceci, qu'elles ne prouvent pas la réalité, ni même la possibilité *in concreto* de la liberté ou de l'être nécessaire et absolu, mais seulement la possibilité d'*être pensé*, d'être admis par nous. *Pour nous* l'existence de la liberté et celle de Dieu est maintenant possible; demander si elle l'est en général, *en soi*, objectivement, c'est faire une question oiseuse à laquelle nous ne pouvons répondre (p. 587-595).

C. *L'idée de* Dieu *ou l'*idéal *de la raison.* — *Sophisme des preuves de l'existence de Dieu.*

§. 5.

L'idée de Dieu est produite par le syllogisme disjonctif qui suppose la synthèse de tout ce qui est possible (*die gesammte Möglichkeit, der Inbegriff aller Möglichkeit*). En examinant de plus près cette synthèse ou idée, nous voyons qu'elle se compose d'attributs positifs et négatifs; comme ces derniers ne sont autre chose que la négation des premiers, nous pouvons les rejeter, de sorte qu'il ne nous reste plus que la synthèse des attributs positifs. Si nous donnons un sujet, un *substratum* à cette synthèse, nous aurons l'idée de l'*Ens realissimum*, qui sera la condition de tous les autres êtres, puisque ceux-ci ne sont qu'en tant qu'ils participent à son existence, à sa réalité; nous pourrons par conséquent l'appeler aussi l'être primitif, l'être suprême ou Dieu; en vertu de sa réalité il sera un, simple, éternel, etc.... — L'idée d'un pareil être est un idéal, ou plutôt *l'idéal* de la raison, c'est-à-dire, *l'idée in concreto, in individuo* (p. 596). Comme elle est une idée, il va sans dire qu'elle ne peut être rencontrée et reconnue dans l'expérience. Mais même comme pure idée transcendentale, elle dépasse les limites de la raison, elle devient dialectique; car ce n'est que comme *notion* de toute réalité qu'on devrait la penser, et nullement comme *objet*. — Cependant cet idéal a de trop profondes racines pour que la raison puisse s'en débarrasser, et bien loin de vouloir le faire, elle cherche, au contraire, des arguments pour en prouver la réalité (p. 599-611). Ce sont les preuves si connues de l'existence de Dieu.

Il n'y a que trois voies que la raison spéculative puisse prendre pour arriver à ce but. Elle peut d'abord partir d'une *expérience déter-*

minée, c'est-à-dire, d'un attribut particulier du monde sensible et s'élever par la loi de causalité à une cause première; elle peut, en second lieu, s'appuyer sur une *expérience indéterminée*, c'est-à-dire, en général sur une existence empirique quelconque; ou enfin, faisant abstraction de toute expérience, la raison essaie de déduire cette existence *a priori* en ne se fondant que sur des *notions transcendentales*. Ce sont là les arguments *physico-théologique*, *cosmologique* et *ontologique*. Nous allons les prendre dans l'ordre inverse, parce que, comme nous le verrons bientôt, les deux premiers reposent sur le dernier.

Ainsi d'abord L'ARGUMENT ONTOLOGIQUE. Il consiste à montrer que l'être absolument réel est aussi l'être nécessaire, ou, en d'autres termes, que la synthèse des réalités renferme aussi l'attribut d'existence. On prétend que *c'est une contradiction que de dire que l'être qui contient toutes les réalités, n'existe pas.* — Mais lorsque je dis qu'il n'existe pas, je nie à la fois et l'attribut et le sujet, je dis qu'il n'y a pas d'être qui contienne toutes les réalités; il ne reste donc pas de matière à contradiction, puisqu'il ne reste rien. Pour qu'il y eût contradiction, il faudrait me prouver que je ne puis nier le *sujet*, c'est-à-dire, l'être de toute réalité, c'est-à-dire, Dieu; — en d'autres termes, il faudrait me prouver l'existence de Dieu, *quod est demonstrandum.* — Aussi essaie-t-on de le faire; on dit : « l'être de toute réalité est *possible* [ce qui n'est pourtant pas encore prouvé, mais ce que nous voulons bien admettre pour le moment]; or, l'existence fait partie des réalités; donc lorsque je dis que cet être est possible, je dis qu'il est. » — Kant appelle cela, avec raison, *extorquer* l'existence de Dieu (*ausklauben*, p. 631). En effet, cette proposition étant *analytique*, vous n'ajoutez rien à votre notion de la chose, — et de deux cas l'un : ou bien cette chose n'est que la *notion* qui en existe dans votre esprit, ou bien vous faites un sophisme en plaçant d'avance et en cachette dans la majeure l'*existence* au lieu de la pure *possibilité* [ainsi dans la majeure le mot *réalité* signifie « existence, » tandis que dans la mineure il n'est synonyme que de « possibilité »] (p. 621, *sqq.*). — Cette critique de Kant est invincible; elle pulvérise tout le formalisme wolffien, qui ne voyait dans l'existence qu'une réalité de plus venant se joindre à la possibilité. Notre philosophe rétablit le véritable sens de l'existence : lorsque je dis qu'une chose existe, je ne fais que mettre l'*objet* avec tous ses attributs en relation avec la *notion* que j'en ai, et je déclare que l'objet et la notion contiennent la même chose et sont, pour ainsi dire, deux grandeurs qui se couvrent. L'existence ne contient donc rien de *plus* que la possibilité, et cent écus problématiques sont la même somme que cent écus qui se trouvent dans ma caisse (p. 626, *sqq.*). — Pour reconnaître l'existence d'un objet, il faut donc ou bien l'expérience sensible, ou au moins un raisonnement qui s'appuie sur des faits de l'intuition et qui fasse rentrer nécessairement l'objet en question dans le contexte de l'expérience. Il s'ensuit que pour les objets de la raison pure (*des reinen Denkens*), pour les objets transcendentaux, il ne peut y avoir de moyen d'en reconnaître l'existence, puisqu'ils ne sont point renfermés dans le contexte du monde sensible (p. 628, *sq.*). — Sans doute, malgré cela, l'idée d'un Être suprême est très-utile, mais elle reste problématique et n'augmente pas plus la somme de nos connaissances, que les zéros qu'ajouterait un marchand à la somme de sa fortune n'augmenteraient en réalité ses richesses (p. 629, *sq.*).

L'argument ontologique, qui veut conclure de l'idée d'un être de toute réalité à son existence, n'ayant pu nous faire atteindre le but promis, examinons si la PREUVE COSMOLOGIQUE nous mènera plus loin. Elle s'élève de l'expérience donnée à l'idée d'un être nécessaire, et de là elle passe à l'idée d'un être de toute réalité; elle suit donc (au moins en apparence) une marche toute opposée à celle de l'argument ontologique. En voici, du reste, l'exposé exact : « Si quelque chose existe, il existe aussi — en vertu du *regressus* dans la série de causalité — un être nécessaire : or, il existe quelque chose; il faut donc qu'il y ait un *être nécessaire*. Mais ce n'est pas tout: cet être nécessaire ne peut être déterminé *a priori* que par une seule notion, celle de l'*Ens realissimum*; il s'ensuit donc que l'être nécessaire existe comme être suprême (*Ens realissimum*), ou que l'être suprême existe nécessairement. » — Kant pense qu'il faut

être bien aveugle pour ne pas voir que cette seconde partie de l'argument
n'est autre chose que la preuve *ontologique*, que nous avons déjà réfutée,
et qui consiste à poser l'idée de réalité absolue comme contenant l'idée
d'existence. Ainsi donc l'argument cosmologique n'est pas un argument
particulier, et nous pouvons fort bien ne pas nous donner la peine d'en
faire une critique spéciale. Il contient, d'ailleurs, « tout un nid caché
d'arrogances dialectiques » (p. 637); car la manière dont on passe de
l'expérience à l'idée d'un être nécessaire est tout à fait fausse, vu qu'elle
repose sur l'idée purement dialectique d'une série complète, et non
pas, par conséquent, sur l'expérience, comme on prétend le faire
(p. 631-648).[1]

Essayons, enfin, de parvenir dans le sanctuaire au moyen de L'ARGUMENT
PHYSICO-THÉOLOGIQUE, qui, comme nous le savons déjà, part d'une expérience particulière : « Il règne, sans contredit, dans le monde un ordre
très-sage, puisque tout tend vers le même *but* [de là le nom de *téléologique* que porte aussi cet argument]; or, comme les objets de ce monde
ne peuvent s'être imposé cet ordre, il faut qu'il existe un être raisonnable

---

1 Pour la première partie de sa critique, Kant fait le raisonnement suivant :
« L'argument cosmologique prétend que *l'être nécessaire est Ens realissimum;* si cette
proposition est vraie, l'inverse le sera aussi, et comme il ne peut y avoir qu'un seul
Ens realissimum, cette inverse devra prétendre que *l'Ens realissimum est être nécessaire.*
Pour cela il faudra montrer que la notion de *l'Ens realissimum* implique celle de la
nécessité d'existence, c'est-à-dire, il faudra fournir la *preuve ontologique* « (p. 636). —
Baur (*Dreieinigkeit*, III, p. 759, *sq.*) reproche avec raison à Kant de commettre ici
un sophisme. En effet, la seconde proposition, étant l'inverse de la première, repose
sur celle-ci et n'a pas besoin d'être prouvée; *il est donc faux de dire que l'argument
cosmologique s'appuie sur l'argument ontologique.* De plus, comme le passage de la
notion de l'être nécessaire à celle de *l'Ens realissimum* est parfaitement juste et logique,
toute cette première critique de l'argument cosmologique est sans fondement. — Mais
quant à la seconde, Baur semble oublier qu'elle est tout à fait exacte *pour le système
KANTIEN*, qui n'accorde aucune réalité, aucune existence aux phénomènes. — Ainsi, en
définitive, Kant pouvait et devait rejeter la preuve cosmologique, puisqu'elle part de
l'existence sensible, c'est-à-dire, de phénomènes, c'est-à-dire, d'une existence purement apparente et non réelle.

et libre qui soit la causalité de ce monde. » — Il y a deux remarques préliminaires à faire sur ce raisonnement : d'abord il ne prouve pas que la *substance* des objets ait pour causalité cet être intelligent; il ne s'élève donc qu'à l'idée d'un architecte du monde, et non pas à celle d'un créateur. En second lieu, l'idée du monde, comme série complète, idée sur laquelle repose toute cette prétendue démonstration, ne peut être donnée par l'expérience, ainsi qu'on le suppose [1]. — Ceci ouvre la voie à une critique complète : cet argument veut s'élever des données contingentes de l'expérience à l'idée d'un être nécessaire, et de là à l'idée d'existence de cet être; c'est dire qu'il repose sur l'argument cosmologique, et qu'il tombe avec lui (p. 648, *sqq.*).

En définitive, voici donc le résultat de cette critique des trois seules preuves possibles de l'existence de Dieu : l'argument physico-théologique (ou téléologique) repose sur l'argument cosmologique; celui-ci sur l'argument ontologique [2]; ce dernier, enfin, sur une illusion, sur un sophisme.

La contradiction de la raison dans cette idée est manifeste. D'un côté, toutes les fois que nous posons quelque chose comme existant, nous sommes obligés de conclure aussi à l'existence de quelque chose de nécessaire; et pourtant, de l'autre côté, nous ne pouvons jamais y parvenir, nous ne sortons jamais du monde contingent. Ou, si l'on veut, on peut aussi dire que nous sommes forcés de remonter la série jusqu'à un être nécessaire, et que nous ne pouvons jamais parvenir à la commencer par cet être..... Que faut-il en conclure? Rien, répond Kant, si ce n'est que nos notions de nécessité et de contingence ne s'appliquent pas aux choses elles-mêmes, mais seulement aux phénomènes, et que *si* l'on admet un être nécessaire, on doit le placer en dehors de la série des contingents, de

---

1 Dans la critique du jugement (*Critik der Urtheilskraft*, 1790), Kant montre, ainsi qu'on devait s'y attendre, que l'idée *d'ordre* est une notion subjective que notre esprit attribue aux objets. L'idée de Dieu qui en résulte est donc aussi purement subjective.

2 Voyez la restriction apportée par la note de la page 84.

la série des phénomènes, et en faire un *noumenon*, dont l'existence est dès lors *possible* [du moins *quant à nous*], mais pas encore prouvée (p. 659, *sqq.*). Il va sans dire aussi que l'athéisme n'est non plus conforme à la raison, qui est constamment forcée de supposer l'existence de Dieu.

Parvenus à la fin de cette critique des facultés théoriques de l'esprit et du système ontologique qu'elles produisent, nous pouvons en résumer ainsi le résultat :

1.° Nos facultés théoriques ne peuvent s'appliquer légitimement qu'aux faits sensibles, qu'aux phénomènes, qui n'ont aucune valeur véritable.

2.° Nos facultés théoriques s'égarent dans des contradictions dialectiques dès qu'elles veulent s'élever à la connaissance des objets transcendants, dont s'occupe surtout la religion.

3.° La reconnaissance de ces limites de nos facultés (au moyen de la critique) nous laisse la *possibilité* de *croire* (p. 848) à l'existence d'un monde transcendant, dont nous ne *saurons* jamais rien.

La question qui se présente inévitablement ici, c'est de savoir si nous *devons* y croire. — La critique de la raison pratique pourra seule y trouver une réponse.

DEUXIÈME PARTIE.

Les postulats religieux de la raison pratique. [1]

I. L'ANTINOMIE DE LA LOI MORALE.

§. 6.

La loi morale; son autonomie. L'hétéronomie.

Kant ne déduit pas *a priori* la raison pratique; il la rencontre dans le sujet et la soumet à l'analyse. Il en avait fait de même pour la raison

----

1 *Grundlegung zur Metaphysik der Sitten*, 1785.
Critik der praktischen Vernunft, 1788. Je cite d'après la 2.ᵉ édit. Riga, 1792.

théorique; on ne saurait donc insister sur ce fait, pour prouver le peu d'importance qui revient à la première de ces facultés dans le système, l'argument se laissant rétorquer contre la seconde.

D'ailleurs Kant essaie cependant de donner une déduction de la raison pratique; il s'appuie sur ce que sa première critique lui permet d'admettre la *possibilité* d'une causalité en nous. Si cette causalité existe, il faut qu'elle soit à nous, qu'elle dépende de nous; il faut qu'elle soit la causalité de notre être comme *noumenon;* car si nous avions cette causalité comme être *phænomenon*, elle serait en dehors de nous, elle serait la causalité du monde sensible. Ainsi donc, *si* je suis causalité, je suis aussi *noumenon*, je suis *libre;* car la liberté est une notion purement négative, qui signifie le non-assujettissement aux lois phénoménales (*Metaph.*, p. 109). Mais cette liberté [purement négative] doit aussi avoir ses lois, qui ne peuvent être que les lois du monde intelligible (*noumenon*), c'est-à-dire, précisément la liberté. Ainsi la loi de la liberté est l'*autonomie*, et être libre c'est *devoir* être libre. L'autonomie est un *impératif*, et comme les lois de l'autonomie ne peuvent souffrir d'exception, c'est un impératif *catégorique* et non hypothétique. Qu'on ne l'oublie pas, tout ceci n'est encore qu'une supposition de la raison théorique; le résultat auquel nous sommes parvenus, peut se formuler de la sorte : «*Si* nous sommes libres, nous *devons* être libres.» Mais ce devoir d'être libre est, ainsi que nous l'avons vu, catégorique, absolu; il ne peut souffrir la restriction hypothétique «si nous sommes libres,» et il faut dire de la manière la plus impérative : «nous *devons* être libres.» — Or, si nous le *devons*, nous le *pouvons* aussi, puisque le devoir, étant absolu, emporte le droit : *Nous sommes donc libres*, c'est-à-dire, notre raison est une causalité.[1]

La liberté est ici un *postulat* de la loi pratique (*Metaph.*, p. 100),[2]

---

1 *Metaphysik der Sitten*, p. 104, *sqq.;* 110, *sqq.*, etc. *Kritik der praktischen Vernunft, passim;* surtout p. 72, *sqq.;* 96, *sqq.;* 180, *sqq.*, etc.

2 Kant entend par là „ une proposition théorique que la raison théorique ne peut prouver, mais qui est inséparable de la loi pratique absolue et aprioristique ", c'est-à-

et repose donc sur cette loi, ou, pour parler plus exactement, c'est notre *connaissance* de la loi pratique qui suppose la liberté; car, quant à l'existence réelle, c'est bien au contraire la loi morale pratique qui se fonde sur la liberté. Ainsi, sans liberté point de loi morale, sans loi morale point de *connaissance* de la liberté.

Cette remarque préliminaire, que Kant fait lui-même (*prakt. Vern.*, p. 5, note), nous permet de jeter un regard critique sur l'enchaînement de la déduction que nous venons d'exposer. Nous voyons, en effet, maintenant que la connaissance de la liberté est déduite de la loi morale, et que cette loi morale reposant elle-même sur la liberté, *la liberté* (soit comme objet réel, soit comme objet de la connaissance) *repose en définitive sur elle-même*, et ne se fait connaître que parce qu'elle s'impose comme loi morale, c'est-à-dire, en général, parce qu'elle s'impose. — Ainsi, tout le résultat de la déduction de Kant, c'est que la liberté est *un fait* dont on ne peut nier l'existence, puisqu'il *s'impose à nous;* nous voyons par conséquent que cette déduction n'en est pas vraiment une; mais nous voyons en même temps, que la raison pratique n'est nullement un hors-d'œuvre dans le système. Elle le complète, bien au contraire; car c'est elle seule qui nous fait croire au monde des *noumena*, sans lequel nous serions renfermés complétement dans les phénomènes, dans le fini.

Un coup d'œil de comparaison sur les deux raisons nous en convaincra : la *raison théorique* essaie sans doute d'abandonner le terrain de l'expérience; mais nous avons prouvé que dès qu'elle le quitte, elle entre dans les régions nébuleuses de l'apparence, et qu'elle s'y égare sans pouvoir atteindre les choses elles-mêmes, les *noumena*. Ceux-ci, formant le monde absolu, sont tout à fait transcendants pour notre raison théorique, qui est finie et ne nous appartient par conséquent qu'en tant que nous sommes des êtres phénoménaux.

---

dire, une proposition théorique que l'on ne peut rejeter sans rendre l'usage de la loi pratique impossible (bien entendu „ impossible d'être compris par nous ").

La *raison pratique*, au contraire, se pose de suite comme libre, comme intelligible, comme absolue; c'est le monde absolu qui, cette fois, est immanent en nous, tandis que le monde phénoménal est transcendant, c'est-à-dire, en dehors de notre raison pratique. — La raison théorique dépend de la sensation (*sie ist von ihr bedingt*); la raison pratique se soumet la sensation, qui est sa propre *natura ectypa*, et dont l'hétéronomie reçoit le cachet et l'impulsion de l'autonomie de la raison (*prakt. Vern.*, p. 74, *sq.*). De cette première différence des deux raisons dans leurs rapports avec la sensation, en découle une autre tout aussi importante; c'est que la raison pratique est plus certaine, plus apodictique que la raison théorique. Celle-ci, ne pouvant agir qu'avec l'aide de la sensation, de l'intuition, de l'expérience, ne peut aussi être connue qu'en tant que la sensation lui permet d'agir; or, cette sensation étant dans le système de Kant complétement indépendante de la raison, on peut se représenter un état où elle cesserait, et avec elle l'exercice de la raison théorique et la conscience que nous en avons. La raison pratique, au contraire, est un fait absolument aprioristique, qui subsiste en dehors de toute expérience, et dont nous serions certains quand même la sensation nous manquerait (*prakt. Vern.*, p. 84. — *Cf.* sur tout ce parallèle p. 215, *sqq.*). En un mot, la raison théorique est discursive, elle ne peut se trouver qu'avec les limitations du temps et de l'espace; elle appartient donc à un être phénoménal (par exemple à l'*homme*, en tant qu'être sensible). La raison pratique est la loi de *tous* les *noumena*, de tous les êtres doués de raison, elle est l'ordre moral de l'univers, l'absolu, la loi de Dieu lui-même.

Il semble que le trône de la raison pratique soit maintenant établi sur les bases les plus solides, et que rien ne puisse l'ébranler. Notre seul devoir, notre devoir absolu, c'est d'être libre[1] et nous venons

---

1 L'homme, dans tout ce qu'il fait, ne doit agir qu'en vue de la liberté. Kant rejette complétement tout principe *matériel*, qui, venant à s'introduire dans la volonté, dans la liberté, altérerait l'impératif catégorique. — On connaît la manière ingénieuse

de voir que nous sommes libres. L'impératif catégorique gouverne le monde transcendant des *noumena*, et les pauvres phénomènes, faibles apparences, ne peuvent que se soumettre à cette loi de leurs *choses* réelles, de leur véritable causalité intelligible. ..... En réalité, il en est tout autrement; et un lecteur attentif a déjà pu entrevoir le dualisme qui étouffe l'impératif catégorique. En effet, rien que ce mot d'*impératif* suppose que l'on distingue entre un objet et un sujet, entre la loi pratique qui veut être accomplie, et la liberté qui doit l'accomplir, mais qui, avouons-le franchement, peut ne pas obéir; car, sans cela, serait-il nécessaire de lui *ordonner* de faire le bien? Dans l'état normal il n'y aurait point d'impératif; l'objet et le sujet, le *devoir* et le *vouloir* (*prakt. Vern.*, p. 36) seraient identiques; la loi morale serait toujours le principe subjectif, la maxime[1]. Mais il n'en est point ainsi, l'*expérience* le prouve. Et d'où vient cet état anormal? pourquoi l'autonomie ne règne-t-elle pas? — Une tautologie nous dira que c'est à cause de l'hétéronomie, et l'hétéronomie étant la loi des phénomènes, de la sensation [puisque autonomie ne signifie autre chose que loi non-phénoménale], une seconde tautologie nous prouvera que la loi morale n'est mal observée que parce qu'il y a à côté d'elle des phénomènes, qui ont leur propre causalité, indépendante de la causalité des *noumena*.

Cette explication par tautologie nous dévoile des choses de la plus haute importance; nous n'en relèverons pour le moment que deux, les autres devant se rencontrer plus tard sous nos pas. La première c'est que le *mal* (car il est temps d'appeler l'hétéronomie par son nom), le mal ne peut exister que chez des êtres intelligibles et phénoménaux à la fois, par exemple chez l'homme. La seconde découverte que nous faisons ici, c'est que nous apprenons enfin que les phénomènes ont une causalité

---

dont il parvient à formuler, d'une manière un peu concrète, le principe abstrait de sa loi morale (Voyez *Metaph.*, p. 52 — 73; *pr. Vern.*, p. 54, *sqq.*).

1 La *maxime* est le principe subjectif que l'homme a adopté pour règle (générale) de sa conduite [il va sans dire qu'il peut changer à chaque instant cette règle.]. Voyez, sur la terminologie de cette partie du système kantien, *pr. Vern.*, p. 35, *sq.*

propre, non-seulement apparente, comme produits ou effets des *noumena*, mais réelle et pouvant même influer, du moins négativement, sur la causalité intelligible. — Cet aveu, que Kant est obligé de faire pour expliquer le mal, renverse, il faut le dire, de fond en comble tout l'édifice construit avec tant de soin et de prudence. En effet, comment conserver encore la profonde différence établie entre les *noumena* et les phénomènes? Comment ne regarder ceux-ci que comme des simples apparences? — Impossible! Il faut opter entre le système précédent et cet aveu.... Mais Kant ne saurait s'y résoudre, il veut concilier les deux principes opposés, et nous verrons que tout le reste de son système est entaché des suites de cette faute capitale.

Examinons encore brièvement quelle forme revêt l'hétéronomie. Comme c'est en tant qu'êtres sensibles, phénoménaux, que nous y sommes soumis, il faut que ce soit dans la *sensation*[1] qu'elle réside. En conséquence elle ne sera pas, comme la liberté, un principe actif, mais bien *sensitif;* elle sera le *plaisir (die Lust)*. Le plaisir dépend des objets, il n'est autre chose que l'impression produite sur sa faculté [la sensation ou aussi le jugement] par une représentation, par un objet qui l'affecte agréablement ou désagréablement, qui se fait désirer ou repousser (*prakt. Vern.*, p. 41; *cf.* p. 16). Son mobile est donc le *désir d'être heureux*, et il recherche (*begehrt*) les objets qui peuvent satisfaire cet instinct, — que ces objets soient matériels, comme les plaisirs des sens, ou qu'ils soient spirituels, comme des idées et des principes rationnels (*ibid.*, p. 45). En un mot, ce principe de causalité est *l'amour de soi*, l'égoïsme.

---

1 *Sinnlichkeit.* On ne peut traduire ce mot par „sensualité", car il n'indique pas exclusivement les appétits des sens. Nous avons préféré le terme de „sensation," quoique en français on ne s'en serve que rarement pour exprimer un principe de volition, de causalité.

Suite. — *Rapports des deux principes. Le dualisme concilié dans l'idée du souverain bien. Antinomie.*

L'autonomie et l'hétéronomie diffèrent par leur source; mais quels en sont les autres rapports?

La première question qui se présente est celle de leur rang et de leur dignité; en d'autres termes, il s'agit de savoir pourquoi le désir de jouir, d'être heureux, c'est-à-dire, le principe de la sensation, doit être subordonné à la loi morale. Kant répond que c'est parce que ce désir n'est jamais qu'une maxime subjective, qui varie d'un individu à l'autre, et qui ne saurait devenir une loi objective, absolue. Sans doute, ce désir est général, tout le monde veut être heureux; mais chacun veut l'être à sa façon, et si, même par hasard, tout le monde était d'accord sur la manière dont on doit être heureux, cela signifierait que tout le monde voudrait avoir et posséder le même objet. *Es kommt auf diese Art eine Harmonie heraus, die derjenigen ähnlich ist, welche ein gewisses Spottgedicht auf die Seelen-Eintracht zweier sich zu Grunde richtenden Eheleute schildert: O wundervolle Harmonie, was er will, will auch sie, etc. (prakt. Vern., p. 50).* — Si je comprends bien cette déduction, elle ne peut signifier qu'une chose : c'est que la loi morale est supérieure à la sensation, parce que celle-ci dépend des objets extérieurs, tandis que la première ne repose que sur le sujet; c'est-à-dire, que la loi morale a seule une véritable valeur, parce que seule elle est *vraiment* subjective. Cette manière de voir est on ne peut plus conforme au système kantien, mais elle en représente aussi le dualisme dans toute sa dureté; s'en tenant à l'impératif catégorique, elle est impuissante pour expliquer l'autre tendance. Il y a plus, et j'insiste beaucoup sur ce point, c'est que dès que la sensation est reconnue comme étant inséparable du sujet, comme lui étant inhérente, il faut admettre qu'elle est vraiment subjective, et qu'elle a tout autant de droit d'existence que la loi morale, qui par suite cesse d'être absolue. Il y a donc dans ce système : ou bien dualisme, si l'on soutient l'absoluité de la loi morale, ou bien idéalisme, si l'on postule seulement cette loi comme étant un idéal, comme devant *devenir* absolue.

Dans la Critique de la raison pratique Kant formule surtout le dualisme, et il le fait à peu près ainsi : « La sensation est légitime en elle-même, mais elle ne doit être qu'hypothétique et se soumettre continuellement à la loi morale. » En d'autres termes, la sensation ne doit exercer aucune influence sur la volonté, elle n'est légitime qu'en tant qu'elle n'agit pas, qu'elle n'existe pas. — Toutes les fois que la liberté se détermine, fût-ce même en faveur de la loi morale, par un autre motif que la nécessité même de cette loi, il y a hétéronomie; il n'y a plus de *moralité*, il y a tout au plus *légalité*, et la maxime est sensitive ou sensuelle.

Cependant il est un cas où la maxime sensitive paraît être permise : Chaque fois, dit Kant, que la loi morale l'emporte sur les penchants (*Neigungen*), elle les dompte, elle les refoule; et ces penchants appartenant à la sensation, elle produit sur cette sensation une impression, un sentiment négatif, sentiment de douleur. Comme la sensation n'est autre chose que l'amour du moi, ce sentiment de douleur, produit par la loi morale, abaisse cet amour et l'affaiblit; mais c'est au profit de la loi morale qu'il l'affaiblit; donc, en affaiblissant les penchants, il fortifie la loi morale, il est à la fois négatif et positif; il est le *respect* (*Achtung*) de la loi morale (*prakt. Vern.*, p. 128, *sqq.* — *Metaph. der Sitten*, p. 16, note). Ce sentiment étant produit uniquement par la raison pratique, est un sentiment *moral* et peut très-bien servir de mobile à la liberté. Il n'appartient pas à la sensation, puisque, quoique sentiment, il est tout-à-fait l'opposé, la négation du plaisir, il est le *déplaisir* (*prakt. Vern.*, p. 133 et 140). — Ainsi donc c'est par la mortification de la loi sensitive que nous faisons le bien; ce n'est même que par là que nous pouvons le faire; ce n'est que par là que la loi morale peut devenir maxime, qu'elle peut intéresser et déterminer notre liberté [1]. Sans doute, si nous n'étions pas des êtres *sensitifs*, en même temps que rationnels, nous ne saurions avoir ce *respect*, c'est-à-dire ce sentiment, ni cette maxime; nous n'en aurions pas non plus besoin, puisque alors la loi morale serait complétement admise par notre volonté, l'objet serait tout à fait sujet. Il en est ainsi de Dieu (*prakt. Vern.*, p. 141). [2]

Mais dans des êtres constitués comme nous le sommes, ce sentiment est indispensable, et l'on ne peut concevoir la loi morale en nous sans ce sentiment douloureux de sujétion à la loi morale (p. 142); en d'autres termes, un être humain ne fait le bien que lorsqu'il le fait par *respect* (*Achtung*), avec douleur, avec *déplaisir*, et en le *détestant*. Écoutez la confession du disciple scrupuleux :

> *Gerne dien' ich den Freunden, doch thu' ich es leider mit Neigung,*
> *Und es wurmt mir oft, dass ich nicht tugendhaft bin.*

Schiller répond qu'il n'y a là qu'un remède :

> *Da ist kein anderer Rath, du musst suchen sie zu verachten,*
> *Und mit* Abscheu *alsdann thun was die Pflicht dir gebeut.*

Chacun des deux principes antagonistes tend à se réaliser. La loi morale en nous veut parvenir au bien moral absolu, c'est-à-dire, elle veut s'imposer complétement au sujet, qui alors sera saint. La sensation, au contraire, désire sa satisfaction complète, c'est-à-dire, le bien sensitif absolu, le bonheur, la félicité (*Glückseligkeit*). — Le *souverain bien* devra être la réunion de ces deux biens, de la sainteté et de la félicité. Ce souverain bien est nécessaire; il est un *devoir;* il est l'objet de la

---

1 Kant est donc forcé d'admettre ici, en dépit de tout son système, une liberté de choix, différente de la liberté qui est la loi morale. Cette distinction devient en effet tout à fait nécessaire, dès qu'on reconnaît que notre volonté n'est pas d'accord avec la loi morale. Dans sa *Religion innerhalb der Grenzen der reinen Vernunft* Kant appelle cette liberté de choix l'*arbitre* (*Willkühr*). Voy. plus bas §. 11.

2 Pour Dieu, les formes draconiennes du devoir, de l'impératif catégorique n'existent point; il n'est assujetti à la loi morale que parce qu'elle est la loi de sa volonté; à lui la *sainteté*, à nous la *vertu* dans la lutte (p. 151).

volonté, — sans doute de la volonté bonne, c'est-à-dire, de la loi morale.

C'est là le point capital; car nous désirerions savoir avant tout comment, au moyen du souverain bien, la félicité, c'est-à-dire, la sensation, devient objet de la loi morale. — Eh bien! cette déduction si importante, qui seule peut rétablir la légitimité de la sensation, Kant la suppose partout et ne la donne nulle part. Au fait, comment aurait-il pu la donner? Comment, après avoir anéanti la sensation, pouvait-il lui accorder une place d'honneur à côté de la loi morale, si ce n'est en commettant une lourde inconséquence?

Cependant, continuons notre exposé et admettons pour le moment l'idée du souverain bien. Cette idée, avons-nous dit, est l'union intime et nécessaire des notions de sainteté et de félicité. Ces notions, étant donc unies intimement, ne peuvent l'être que comme cause et effet, puisqu'elles ne sont pourtant pas identiques. Or, ce rapport de cause à effet peut être double : Ou bien le désir de félicité est le mobile des maximes de la vertu; — mais ce serait contraire à la notion de vertu. Ou bien encore la maxime de la vertu est la cause efficiente de la félicité, qui suivra donc proportionnellement la moralité; — mais comme la causalité morale est tout à fait différente et en dehors de la causalité naturelle (qui produit la félicité), on ne voit pas comment celle-ci pourrait se régler nécessairement d'après la causalité morale. — Il ne reste donc plus qu'à déclarer impossible l'idée de l'union de ces deux principes, c'est-à-dire, l'idée du souverain bien. Cette idée étant impossible, la loi morale qui l'ordonne, est une loi vide de sens et fantastique. — Cependant comme, d'un autre côté, c'est une loi, et qu'une loi *doit pouvoir* être exécutée, nous sommes forcés de déclarer qu'il y a *antinomie*, et de recourir à des postulats (*prakt. Vern.*, p. 198-205).

Voilà donc enfin cette malheureuse antinomie qui perce! Mais remarquez avec quel art Kant élève ses contradictions et ses inconséquences à la dignité d'antinomies. Une antinomie est une contradiction nécessaire, inévitable, entre la raison pratique qui nous donne un ordre, et la raison théorique qui ne peut comprendre comment cet ordre sera réalisé. Ainsi dans le cas actuel, par exemple, la raison pratique, selon Kant, nous ordonne de réaliser le souverain bien, dont la raison théorique ne saurait se faire une idée. — Mais pour que cette antinomie fût vraiment fondée, il faudrait qu'elle fût inévitable; il faudrait que l'ordre donné par la raison pratique et l'incapacité de la raison théorique fussent démontrés. Or, il est indubitable que cette dernière condition est on ne peut mieux remplie, et que la raison théorique sera à jamais incapable de se faire la moindre idée de ce monstrueux souverain bien; mais est-il également vrai que la raison pratique ordonne de le réaliser? Certes non! nous avons vu que Kant ne donne nulle part la déduction de ce devoir, et qu'il ne pouvait la donner. — Cette antinomie du souverain bien n'existe donc pas en réalité, puisqu'elle ne repose pas sur un devoir.

Pour Kant, qui admet son existence légitime, il peut y avoir deux manières de la résoudre, une solution pratique et une solution théorique; nous pouvons rechercher ce que nous *devons faire* et ce que nous *osons espérer* pour arriver au souverain bien [1]. La première solution est l'objet de l'*éthique* [2], la seconde s'obtient par les postulats de la *religion*. La première devrait nous mener à la sainteté, la seconde nous promettre la félicité; je dis, qu'il *devrait* en être ainsi, mais en réalité nous ne pouvons parvenir de nous-mêmes à la sainteté, et il faut que la religion nous promette de certaines conditions ultérieures qui, étant favorables à notre développement moral, nous permettent d'arriver au but. La reli-

---

1 La critique de la *raison théorique* répond à la question que *puis-je savoir?* [Ces trois questions, *Kritik der theoret. Vernunft*, p. 832, *sqq.*]

2 C'est bien ainsi qu'Ammon a compris le but de l'éthique; comme notre travail ne saurait embrasser cette partie de la philosophie, nous nous contenterons de dire que l'éthique fait partie de la *morale* et en est le point culminant. Ammon divise avec raison sa morale en trois parties : d'abord la *nomothétique* expose l'idéal, c'est-à-dire, la loi morale; puis l'*anthropologie* montre l'impossibilité dans laquelle se trouve l'homme de réaliser l'idéal; enfin l'*éthique* nous indique ce que nous avons à faire dans cet état de choses. — La nomothétique ne doit être autre chose que la métaphysique morale dans son abstraction et sans application à l'homme.

gion contiendra donc deux postulats, celui d'un état de choses qui nous mène à la sainteté, et celui d'un autre état de choses, qui nous donne la félicité. Kant dit que nous sommes en droit de faire ces deux postulats, puisque nous *devons* réaliser le souverain bien, qui ne peut se réaliser que si ces postulats sont vrais.

Nous avons déjà vu que ce prétendu devoir n'existe pas réellement; par conséquent aussi ces postulats sont sans valeur, et toute la théorie de la religion que Kant va développer, sera bâtie sur le sable mouvant.

II. SOLUTION DE L'ANTINOMIE PAR LES POSTULATS RELIGIEUX.

A. *Solution du premier membre de l'antinomie, ou réalisation de la* MORALITÉ : *postulat du progrès infini ou de l'*IMMORTALITÉ DE L'AME *(Anthropologie).*

§. 8.

La réalisation du souverain bien dans le monde est, d'après le paragraphe précédent, l'objet nécessaire d'une volonté déterminée par la loi morale. Or, la première condition du souverain bien est l'*harmonie complète* de la volonté, des dispositions subjectives (*Gesinnungen*), avec la loi morale. Il s'ensuit que cette harmonie, qui n'est autre chose que la *sainteté*, est tout aussi nécessaire, tout aussi catégoriquement commandée que le souverain bien, dont elle est la condition. — Mais si, d'un côté, la sainteté est exigée par la loi pratique, il faut avouer de l'autre qu'elle est une perfection qu'aucun être rationnel du monde sensible ne peut posséder dans aucun moment de son existence. La seule condition sous laquelle cette perfection puisse être trouvée, est donc nécessairement le *progrès infini* vers la sainteté ou vers l'harmonie de la volonté avec la loi morale. Or, comme la sainteté est ordonnée, il faut aussi admettre sa condition, c'est-à-dire, le progrès infini, comme objet réel de notre volonté. En d'autres termes, il faut le postuler. — Le chemin que Kant nous fait suivre dans cette déduction, est assez long comme on le voit : Nous devons réaliser le souverain bien, donc nous le

13

pouvons; et les conditions de sa réalisation doivent être admises nécessairement, elles sont des postulats. Une des conditions de la réalisation du
souverain bien est la sainteté de l'homme, donc la sainteté est nécessaire.
La condition de la sainteté est le progrès infini, donc le progrès infini
est nécessaire. — Ce n'est pas tout : le progrès infini n'est possible que
dans la supposition d'une existence sans limites dans le temps de la personnalité du même individu rationnel, c'est-à-dire, dans la supposition
de l'*immortalité de l'âme;* donc l'immortalité de l'âme est nécessaire,
puisqu'en définitive le souverain bien n'a de possibilité pratique que
dans l'hypothèse de l'immortalité de l'âme. Cette hypothèse étant donc
inséparable de la loi morale, est un postulat de la raison pratique pure
(*prakt. Vern.*, p. 219, *sq.*).

Que dire de cette preuve morale? Il nous faut l'immortalité, parce
que notre état moral n'est pas en harmonie avec les exigences de la loi
morale, parce que notre volonté n'est pas d'accord avec les lois de la
liberté. Mais comment admettre la possibilité de ce cas, à moins que la
loi morale ne soit en dehors de nous, et ne nous soit imposée objectivement, c'est-à-dire, à moins de sortir entièrement du système kantien?
Et il faut bien que Kant en soit sorti, puisque, quoique la loi morale
ne soit *pas* réalisée *par nous*, il fait des postulats au nom de cette loi;
puisqu'il accorde une valeur absolue à la loi morale, quoique *en nous*
elle ne soit *pas* absolue.

Ensuite, un progrès, et par conséquent aussi un progrès infini, est
contraire à l'idée que Kant se fait de la vertu et de la liberté. En effet,
un progrès ne saurait en être un, que s'il donne à la volonté une direc-
tion plus ferme, plus conséquente, plus marquée; que s'il la rapproche
de la vertu, s'il lui en fait une habitude, une seconde nature, une nécessité. Or, la vertu doit être la manifestation *libre* de la volonté, une
manifestation tellement libre que, ni l'éducation, ni le tempérament, ni
l'habitude ne viennent exercer d'influence sur elle; sans cela la vertu serait
l'œuvre de la sensation, c'est-à-dire, de la nécessité, et non plus de la
liberté. A mesure qu'on avance dans la série progressive, on abdique

donc la liberté absolue, — un progrès supposant un *nexus causalis* entre ses différents degrés, c'est-à-dire, supposant la loi de la nécessité, qui est précisément l'opposé de la loi de la liberté, de la loi morale.

Mais il y a plus; il est impossible de se faire une idée d'un *progrès infini*. Un progrès qui ne peut jamais mener au but, n'est pas un progrès, et je ne vois pas quel avantage la loi morale en retirera, puisqu'en postulant un progrès infini, elle postule une imperfection éternelle; au fait, elle postule sa non-réalisation. Et puis, remarquez bien, qu'à partir du moment où vous seriez parvenu à la perfection morale, l'immortalité devrait cesser, puisqu'elle n'aurait plus de raison suffisante. Rosenkranz a donc tout à fait raison, lorsqu'il dit de Kant : *Er begründet auf der Unzulänglichkeit der Freiheit die Existenz der Vernunftideen* (p. 214).

La véritable valeur de cette idée d'un progrès infini et de l'immortalité, c'est d'être un *idéal* de notre état moral. Le système de Kant est un dualisme; et avant de songer à unir la loi morale et la sensation dans un souverain bien, il faut lutter, lutter pour donner à la loi morale une valeur absolue; ce n'est qu'à cette condition que le souverain bien pourra être réalisé. Or, cette lutte, Kant le sent bien, doit être éternelle, puisque les deux principes sont primitifs, et que jamais l'un d'eux ne peut être étouffé par l'autre. Dans chaque moment donné la loi morale est limitée par la sensation; voilà la réalité. Mais cette réalité est contraire à la valeur absolue de la loi morale, et pour y échapper Kant se fait un idéal : Oui, dit-il, dans chaque moment donné il y a imperfection, mais dans le passage d'un moment à l'autre, il y a progrès, il y a acheminement vers la perfection; et dans la réunion de *tous* ces passages d'un moment à l'autre il y a progrès infini, et ce progrès infini, *représenté* comme unité, forme la perfection. — Malheureusement cela revient à dire, qu'un nombre infini d'imperfections est la perfection! — En définitive, le progrès infini est un idéal de la loi morale limitée par la sensation, un idéal placé dans le temps, tout comme, dans la *Religion innerhalb der Gränzen der reinen Vernunft*, Kant nous donne, ainsi que nous le verrons bientôt, un idéal placé sous la catégorie de la qualité, et qui porte le nom de « Fils de Dieu. »

Strauss s'est moqué, avec beaucoup d'esprit, de l'importance que l'on accordait du temps de Kant au dogme de l'immortalité : *Nach der Kantischen Sichtung der alten Ideenwelt blieben noch* Gott, Freiheit, Unsterblichkeit ; *diese drei : aber die Unsterblichkeit ist die grösseste unter ihnen. Der Spruch des Psalmisten :* « *Wenn ich nur dich (Gott) habe, so frage ich nichts nach Himmel und Erde, ob mir auch Leib und Seele verschmachte (Ps.* LXXIII, 25, *f.)* » — *hat sich in der Denkweise der neuern Zeit so umgekehrt, dass es jetzt heisst :* « *Wenn ich nur mein Ich in Sicherheit habe, so frage ich nichts nach Gott und Welt,* » etc. (*Glaubensl.*, II, p. 695, *sq.*). — Sans doute, il faut reconnaître que les Kantiens aimaient excessivement à se réjouir de leur preuve de l'immortalité, et qu'ils écrivaient sur ce sujet des livres assez singuliers. Dans leurs sermons, leurs élégies, leurs lettres amoureuses, le désir d'être immortel a très-souvent quelque chose de bas ; tout ce que l'on veut, c'est de pouvoir *jouir* longtemps, toujours même, des douceurs de la vie actuelle. Mais si Strauss a parfaitement raison contre les disciples, il est injuste, dès qu'il veut faire remonter son ironie jusqu'au maître ; cette tendance matérialiste dans la foi à l'immortalité existait *avant* Kant, et était l'expression des âmes langoureuses dans le parti des lumières, — ainsi donc, non-seulement Kant n'a pas fait naître ce défaut, mais même il n'y est jamais tombé. Pour lui l'immortalité est un postulat de la *loi morale*, c'est pour pouvoir arriver à la vertu, c'est pour avoir le temps de *lutter*, qu'il veut être immortel ; l'immortalité est le postulat de l'impératif catégorique, et si l'on veut accuser Kant de favoriser la *sensation*, c'est à propos du postulat de l'existence de Dieu qu'il faut le faire ; car, dans la solution de l'antinomie, Dieu est en effet chargé, comme nous allons le voir, de nous procurer la félicité. — La satisfaction de la *sensation* est si bien exclue de l'idée de l'immortalité, que Kant, en opposition avec toute la philosophie moderne, veut qu'après la mort nous n'ayons plus de *corps* ; les raisons très-singulières qu'il en donne sont *théoriques* et *pratiques*. Pour la théorie il veut que, puisqu'après la mort nous sortons de ce monde, nous n'ayons plus notre appareil intuitif, c'est-à-dire, que nous ne soyons plus soumis à voir les objets sous la forme de l'espace. Quant à son argument pratique, et c'est le plus important, il dit ne pas concevoir quel intérêt on peut avoir *einen Körper, den man selbst im Leben nie recht lieb gewonnen hat, in Ewigkeit mitzuschleppen* (*Relig. innerhalb.d. Gr.*, etc., p. 182, *sq.*, note). — C'est bien là le dualisme kantien; l'immortalité n'étant nécessaire que pour nous permettre un progrès infini vers le bien, c'est-à-dire, pour que nous nous débarrassions toujours davantage de la sensation, la vie éternelle doit nous délivrer de ce corps, siége des sens.

B. *Solution du second membre de l'antinomie, ou réalisation de la* FÉLICITÉ : *postulat de l'ordre moral dans le monde ou de l'*EXISTENCE DE DIEU (*Théologie*).

§. 9.

Preuve de l'existence de Dieu; symbolisme et anthropomorphisme.

Dans le paragraphe précédent nous avons vu Kant postuler les conditions nécessaires pour arriver à la sainteté, c'est-à-dire, à l'harmonie complète de notre volonté avec la loi morale. Il s'agit maintenant de faire un pas de plus pour résoudre l'antinomie pratique; il faut postuler les conditions nécessaires à l'harmonie complète de la *félicité* avec la sainteté que, dit-on, nous venons d'acquérir; car, alors seulement le souverain bien sera réalisé. — Pour cela il faut que dans le monde il règne un ordre moral; or, nous avons déjà dit que la loi morale en nous nous procure bien la vertu, mais qu'elle n'a pas la moindre liaison avec les lois de la nature, qui donnent la félicité en mettant le monde extérieur en harmonie avec notre être. C'est donc dans un être supérieur que devra se trouver cette liaison, c'est-à-dire en définitive, cet accord de la sensation avec la loi morale. « Le souverain bien dans le monde n'est possible que si l'on admet un être supérieur qui ait (sur la nature) une causalité conforme à la loi morale » (*prakt. Vern.*, p. 225). Or, le souverain bien étant nécessaire, nous devons postuler cette causalité, qui en est la condition *sine qua non;* nous devons donc admettre l'existence d'un être qui ait cette causalité, c'est-à-dire, d'un Dieu. Qu'on n'oublie pas, cependant, que ce postulat est purement pratique; il exige que nous *croyions* en Dieu, mais il ne décide rien de théorique (voyez en général *prakt. Vern.*, p. 223-227).

Cette preuve de l'existence de Dieu me paraît reposer sur une base assez faible. En effet, elle s'appuie d'abord sur l'idée que le souverain bien, et par conséquent aussi la félicité, est un devoir; idée qui est une grossière inconséquence dans le système, ainsi que je crois l'avoir suffisamment démontré. Mais ce n'est pas tout : la félicité ne devant exister qu'en proportion de la vertu, nous ne pouvons postuler la félicité absolue que lorsque nous avons atteint la vertu absolue, ce qui, comme nous l'avons vu, n'arrive jamais. Enfin, quand bien même, par impossible, ces deux objections pourraient être réfutées, il faudra toujours convenir que notre postulat ne peut s'étendre que jusqu'à un *ordre moral* dans le monde, et non point jusqu'à un Dieu individu, un Dieu personnel. Fichte a été ici plus conséquent que Kant, et Tieftrunk lui-même dit déjà : *Gott ist das personificirte Moralgesetz* (*Censur des protest. Lehrbegriffs*, III, p. LXVI), c'est-à-dire, évidemment il est une « représentation » de la loi morale, du « souverain bien. » Nous verrons plus loin combien cette manière de voir est vraie et riche en conséquences; on peut dire qu'elle est la clef de toute la théologie kantienne.

Si maintenant nous voulons comparer cette nouvelle preuve morale aux arguments théoriques que nous avons examinés précédemment, nous devrons le faire sous les deux points de vue de la source et de la valeur. L'idée de Dieu prend sa source dans les notions abstraites de l'esprit ou dans les faits fournis par l'expérience, par la nature; de là deux sortes de preuves :

Les preuves *transcendentales* partent

 ou bien d'idées de la raison théorique (argument *ontologique*),

 ou bien de la notion abstraite et générale de l'existence (argument *cosmologique*). — *NB.* Les Kantiens ne comptent ordinairement ces deux arguments que comme un seul.

Les preuves *naturelles* s'appuient sur deux séries de faits :

 1.° l'ordre naturel et physique, qui existe dans l'univers, nous donne l'argument *physico-théologique* (ou *téléologique*);

 2.° l'ordre moral qui doit exister, qui est postulé par les lois pratiques et morales de la raison, nous mène au postulat (moral) de l'existence de Dieu, c'est-à-dire, à l'*argument moral.*

D'après cette division on voit que ce dernier argument part seul de la raison pratique, c'est-à-dire, du *noumenon*, tandis que les autres sont fournis par la raison théorique, par l'examen des phénomènes.

Mais ce n'est pas la seule chose qui le distingue des autres, ou plutôt de cette distinction naît encore la grande valeur qui lui est attribuée. Kant, avec une conséquence digne d'éloges, le regarde comme la seule véritable source de la théologie; toute connaissance de Dieu qui s'appuie, par exemple, sur la nature, sur la physique, est incomplète et incertaine (*prakt. Vern.*, p. 251, *sq.*); tout attribut, moral ou métaphysique que nous donnons à Dieu, doit absolument reposer sur les lois morales et être ainsi un postulat. Les disciples de Kant ne sont pas aussi conséquents; ils veulent bien accorder que l'argument moral est le seul qui décide complétement la question de l'existence de Dieu, mais ils prétendent qu'en fait d'attributs il ne nous donne que ceux qui sont moraux, tandis que les autres attributs, étant métaphysiques, reposent sur la raison théorique. Ils distinguent donc une triple théologie: D'abord la théologie *transcendentale*, qui nous donne les attributs abstraits, métaphysiques [*sic* Stæudlin], c'est-à-dire, qui considèrent Dieu comme causalité absolue ou comme *Ens realissimum* : c'est ainsi que Dieu est éternel, omniprésent, etc. La seconde théologie est appelée *physique*, parce qu'elle nous montre Dieu dans ses rapports avec les formes physiques;

il est l'architecte du monde, il a un entendement. Enfin, la théologie
morale enseigne les attributs de Dieu dans ses rapports avec nous : il est
saint, juste, bon, etc. — Inutile de dire qu'il règne dans cette division
le plus épouvantable arbitraire, et que, par exemple, Tieftrunk met la
toute-puissance dans la théologie transcendentale, tandis que Stæudlin
la met dans la théologie physique, etc. Ce qu'il y a de positif, c'est que
cette manière de procéder est tout à fait étrangère au véritable système
de Kant, qui dit de la manière la plus formelle que toute la théologie
doit être un postulat de la raison pratique (*prakt. Vern.*, p. 251).

Avant de passer à la véritable théologie kantienne, nous allons encore
tracer les règles d'après lesquelles nous devrons procéder, et faire la
critique de notre connaissance de Dieu sous le rapport de la forme.

Le premier principe de cette connaissance, c'est qu'elle est un *postulat* :
puisque Dieu doit réaliser le souverain bien, nous devons croire nécessairement qu'il a toutes les qualités requises pour arriver à ce but; nous
devons les postuler. Il s'ensuit que ce n'est pas, à proprement parler,
une *connaissance* que nous avons de Dieu, puisqu'il n'est nullement
l'objet de notre faculté théorique; nous *croyons* seulement que Dieu
existe; notre esprit ne peut résoudre l'antinomie, il ne peut arriver à
l'harmonie, à l'unité, qu'en admettant l'existence de Dieu : ainsi l'idée
de Dieu est purement *subjective*, elle est le produit de nos facultés, et
nous ne savons pas s'il y a un objet qui lui corresponde. Lors donc que
l'on parle de la connaissance que nous avons de Dieu, il ne s'agit point
de ce que Dieu est en réalité, mais de la manière dont nous devons
le penser; ce n'est point une connaissance objective, mais analogique,
symbolique [*cf.* Tieftrunk, *Censur* II, p. 35, *sqq.*, et la préface du III.ᵉ
vol., où il se répète de la façon la plus ennuyeuse]. En d'autres termes,
lorsque nous nous rendons compte de l'idée de Dieu, nous transportons
dans cette idée des notions du monde sensible, et nous disons par analogie que Dieu a ces attributs. Un exemple rendra plus claire cette pensée :
Il existe un certain rapport (rapport de causalité) entre une tempête et
un arbre renversé; nous transportons ce rapport (de causalité) dans

l'idée de Dieu, et nous disons que ce même rapport existe entre Dieu et l'univers. Le rapport du monde sensible et phénoménal devient ainsi un *symbole* du rapport que nous attribuons à Dieu; de là le nom de connaissance symbolique [1]. Abandonnant l'expression tout à fait fausse de «connaissance,» nous dirons que l'idée ou, si l'on veut, les notions que nous nous formons de Dieu, ne sont autre chose que les notions ordinaires, pourvu toutefois que nous les dépouillions de tout ce qu'elles ont de fini; ainsi, par exemple, l'idée de la causalité de Dieu n'est autre chose que la notion ordinaire de causalité étendue jusqu'à l'infini, à l'absolu. Lorsque nous attribuons à Dieu, ou en général, au monde intelligible, une qualité quelconque, nous prenons cette qualité en nous, nous la dégageons de tout ce qu'elle a d'empirique ou de fini; *von allem diesen wird abstrahirt, und so bleibt von den Begriffen nichts mehr übrig, als gerade zur Möglichkeit erforderlich ist, sich ein moralisch Gesetz zu denken (prakt. Vern.*, p. 247). — Pour que nous puissions faire entrer, à juste titre, une notion dans l'idée de Dieu, il faut d'abord que cette notion soit exigée, soit postulée par les besoins de notre raison pratique, et il faut ensuite qu'elle soit dégagée de tout ce qu'elle a de fini.

Ces expressions sont toutes bien peu philosophiques; elles représentent les attributs de Dieu comme quelque chose qui lui serait extérieur. Pour peu que nous cherchions la cause de ce défaut, nous verrons que la racine en est très-profonde; elle vient de ce que Kant *suppose* toujours l'existence d'un Dieu extérieur, transcendant, d'un Dieu différent de celui de sa raison. — Dans son système, Dieu ne doit être évidemment que l'union de la loi morale avec la loi de la sensation, c'est-à-dire, le souverain bien. Cette union ne s'accomplissant pas dans l'homme, Kant la pose hors de l'homme, dans un Dieu transcendant. Mais ce Dieu transcendant lui est

---

1 Lorsqu'on enseigne la connaissance symbolique comme si elle était objective, on tombe dans le *dogmatisme*, qui est un des plus grands écueils de l'esprit humain. Voyez d'ailleurs Kant, *Religion innerhalb der Grenzen*, etc., 1793, p. 75, *sq.* (note).

tout à fait inconnu, et pour s'en faire une image, une notion, il se voit pourtant obligé de revenir à l'idée immanente, subjective du souverain bien; il s'en forme alors un Dieu, dont l'existence n'est que dans le sujet, tandis que l'autre Dieu n'existe que comme *chose* objective. — Le Dieu de Kant devrait être l'homme absolu, c'est-à-dire, le souverain bien dans l'homme; il n'est postulé que pour donner une valeur objective (absolue) au contenu du sujet. Mais il n'y parvient pas; et ce Dieu, qui devait être en même temps subjectif et objectif, se fend pour ainsi dire en deux, dont l'un est purement objet, par conséquent transcendant, inconnu, tandis que l'autre n'est que subjectif, n'est qu'une idée sans valeur objective, puisque nous ne savons pas si elle correspond à l'objet[1]. — Fichte avait bien mieux senti la tâche de la théologie, lorsqu'étant encore kantien pur, il écrivait dans sa *Kritik aller Offenbarung* ces paroles remarquables : *Die Idee von Gott, als Gesetzgeber durch's Moralgesetz in uns, gründet sich auf eine Entäusserung des Unsrigen, auf Ueber-tragung eines Subjectiven in ein Wesen ausser uns, und diese Entäus-serung ist das eigentliche Princip der Religion* (p. 26).

Il reste donc constant que notre idée de Dieu (puisqu'il ne saurait être question du Dieu objet), notre idée de Dieu, dis-je, n'est autre chose qu'un essai d'élever notre contenu subjectif à l'absolu. C'est ce que Kant exprime assez clairement, quoique toujours renfermé dans son dualisme, lorsqu'il dit que toute connaissance de Dieu est *anthropo-morphisme*, mais ne doit jamais être *anthropopathisme*. Cela veut dire, que nous ne pouvons attribuer à Dieu que ce qui est en nous, mais que nous devons le dégager de tout ce qui s'y trouve de fini, de mau-vais; en d'autres termes : Dieu doit être l'homme, mais l'homme absolu. Cette dernière formule paraîtra peut-être trop spéculative; mais qu'on se rappelle que nous ne l'attribuons qu'à l'*idée* de Dieu, et non au Dieu réel, transcendental, qui nous est inconnu.

Maintenant que nous avons défini la manière dont nous connaissons

---

1 Nous verrons plus loin qu'en définitive cette idée est *en contradiction* avec les objets.

Dieu, nous pouvons passer au contenu de cette connaissance, c'est-à-dire, à l'idée de Dieu, à ses attributs.

§. 10.

Attributs de Dieu; ils sont en contradiction avec les faits.

Il faut qu'il y ait un Dieu, et il faut que ce Dieu ait toutes les qualités nécessaires pour réaliser le souverain bien; il faut donc avant tout qu'il soit absolu, qu'il soit l'*Ens perfectissimum*, l'*Ens realissimum*, puisqu'il doit gouverner le monde, qu'il doit en être l'auteur. — Nous devrions donc traiter ici des attributs transcendentaux et physiques de Dieu, comme disent les Kantiens; mais nous avons déjà vu que les disciples n'ont pas bien compris le maître, et malheureusement celui-ci n'a nulle part exposé systématiquement la théologie. A moins de vouloir inventer, nous nous voyons réduits à reproduire quelques idées fragmentaires de Kant à ce sujet, et à traiter quelques questions qui se rattachent à la théologie, et auxquelles notre philosophe a touché dans divers ouvrages.

D'abord quelques mots sur les attributs métaphysiques. Le souverain bien n'est possible que dans l'hypothèse d'un auteur du monde qui réunisse toute perfection. Il faut, par exemple, qu'il ait l'*omni-science*, pour pouvoir connaître mon état moral dans toutes les occasions et dans tout l'avenir; il faut qu'il soit *tout-puissant*, pour pouvoir mettre le monde en accord avec mon état intérieur; il doit être de même *omni-présent, éternel*, etc. *Mithin bestimmt das moralische Gesetz durch den Begriff des höchsten Guts, als Gegenstandes einer reinen praktischen Vernunft, den Begriff des Urwesens als höchsten Wesens, welches der physische (und höher fortgesetzt der metaphysische), mithin der ganze spekulative Gang der Vernunft nicht bewirken konnte* (*prakt. Vern.*, p. 252).

Ici se présente nécessairement la question de la *création;* car, pour parler avec Stæudlin (*Lehrbuch der Dogmatik und Dogmengesch.*, 3te *Aufl.*, 1809, p. 210), de la notion de causalité absolue résulte celle de *creatio ex nihilo.* Mais cette notion forme, comme nous l'avons vu au §. 5, une antinomie, puisqu'on ne peut se représenter ni un monde sans commencement, ni le commencement d'un monde. Cependant le système de Kant permet facilement d'éviter cette difficulté; on n'a qu'à remarquer que ce sont les *substances*, c'est-à-dire, les choses elles-mêmes, les *noumena*, que Dieu a créés, et que les phénomènes ne sont qu'un mode de représentation des êtres pensants (une forme de notre esprit); par conséquent, l'antinomie qui vient de la loi phénoménale de causalité n'existe que subjectivement pour notre raison, et non point objectivement dans les choses elles-mêmes (Tieftr. *l. c.*, III, p. 58, *sqq.*). — Ou bien, pour parler avec Kant lui-même : *Aller Anfang ist in der Zeit .... Zeit aber ist nur in der Sinnenwelt. Mithin sind nur Erscheinungen in der Welt bedingter Weise, die Welt aber selbst weder bedingt, noch auf unbedingte Weise begrenzt* (*Kritik der reinen Vern.*, p. 550. *Cf.* 514, *sqq.*, 545, *sqq.*).

Mais il est une autre difficulté, qui paraît au premier abord plus sérieuse encore; elle concerne les rapports du créateur avec la créature libre : comme nous faisons partie du monde, Dieu doit être notre causalité; mais comme nous sommes libres, nous devons être notre propre causalité. Comment accorder ces deux faits contradictoires quoique également certains? (Kant, *Religion innerhalb der Grenzen*, etc., p. 203. — Stæudlin, *l. c.*, p. 259, *sq.*) — Il y a nécessairement ici une antinomie inextricable pour notre raison théorique; car un être créé ne saurait être libre. On peut seulement dire que c'est comme *noumena* que Dieu nous a créés, et que notre notion de causalité ne saurait s'appliquer aux *noumena* (Tieftrunk, *l. c.*, III, p. 65). *Gott ist ausser der Zeit die übersinnliche Ursache unserer übersinnlichen Existenz* (Stæudlin, *l. c.*). — Enfin, la même question semble se représenter sous une autre forme, lorsqu'on cherche à accorder la prescience de Dieu avec la liberté humaine. Ici encore la solution est la même : Dieu n'étant pas soumis au temps, n'a pas de *prescience.*

Nous passons aux attributs *moraux*, qui, on le conçoit, sont les plus importants. Cependant, nous devons avouer auparavant qu'ici se montre très-clairement dans la notion du souverain bien une différence qui s'était déjà laissée entrevoir çà et là. Nous avions cru qu'il s'agissait bien réellement de la réalisation du souverain bien, c'est-à-dire, que la sainteté devait devenir *parfaite*, et, *par suite*, aussi notre félicité : il y avait proportion entre la sainteté et la félicité ; mais cette proportion ne se montrait que lorsque la sainteté était absolue, et il nous semblait qu'un saint parfait pouvait seul exiger la félicité. Mais hélas ! il est bien difficile de devenir un saint parfait, et l'on désire tant la félicité, que Kant se décide à vous accorder une portion de félicité, en se contentant de vous la mesurer d'après la grandeur de votre portion de sainteté. Or, comme il ne peut y avoir d'homme tout à fait mauvais, d'homme qui n'ait pas la moindre parcelle de sainteté, il n'y a pas non plus d'homme qui n'ait le droit d'*exiger*, de *postuler* un peu de félicité, et, par suite aussi, un Dieu qui vienne la lui préparer. .... Comme cette théorie superbe de l'impératif catégorique s'est abaissée ! comme la sensation a repris ses droits méconnus ! Voilà donc le souverain bien qui se change en une marchandise que l'on peut mesurer et peser, et Dieu ne figure sans doute ici que comme l'épicier dans sa boutique. — Oui, c'est sur cette fade théorie que reposent les attributs moraux de Dieu. Dieu doit vouloir le bien moral ; Dieu doit vouloir et pouvoir donner la félicité ; enfin, Dieu doit savoir proportionner la félicité au bien moral. Dieu doit être saint, bon, et juste ou sage (*heilig, gütig oder selig, und gerecht oder weise*). De cette manière le souverain bien (dans sa nouvelle acception) sera réalisé. *Gott ist der allein Heilige, der allein Selige, der allein Weise, weil die Begriffe schon die Uneingeschränktheit bei sich führen. Nach der Ordnung derselben ist er denn also auch der* heilige Gesetzgeber (*und Schöpfer*), *der* gütige Regierer (*und Erhalter*) *und der* gerechte Richter. *Drei Eigenschaften, die alles in sich enthalten, wodurch Gott der Gegenstand der Religion wird, und denen angemessen die metaphysischen Vollkommenheiten sich von selbst in der Vernunft hinzufügen* (*prakt. Vern.*, p. 235, *sq*). On remarquera sans doute que, pour chacun

de ces trois attributs fondamentaux, Kant nous donne deux noms : d'après
l'un, nous considérons Dieu comme souverain bien; d'après l'autre, Dieu
est chargé de réaliser le souverain bien, ou plutôt un bien semblable au
souverain bien, quoique non absolu. Comme souverain bien absolu, Dieu
est la *sainteté*, la *félicité* (*selig*), la *sagesse*. Comme réalisateur de la
proportion entre la félicité et la sainteté, Dieu donne la loi morale (*Gesetzgeber*); il veut le bonheur des hommes (*gütig*); enfin, il distribue
avec *justice* ses bienfaits. Nous insistons sur cette distinction; nous y
reviendrons dans notre critique.

Voilà tout ce que Kant nous donne de *positif* en fait de théologie;
voilà tout ce qu'il affirme; mais, par contre, il soulève des difficultés
très-fortes, qui pourraient bien le forcer de nier et de rétracter le peu
qu'il vient d'enseigner. En effet, à chacun des trois attributs que nous
avons postulés pour Dieu, les *faits* opposent une fin de non-recevoir;
ils accusent Dieu de ne pas bien remplir son emploi, de n'être ni saint,
ni bon, ni juste. [1]

I. Dieu devrait être *saint*, et pourtant le *mal moral*, qui est contraire
à la sainteté, existe. — Sans doute, vous essaierez de résoudre cette difficulté; vous direz qu'au fond le mal moral, le péché, n'existe pas, qu'il
n'est une transgression que pour une loi relative, humaine, et non
pour Dieu; car, *sunt superis sua jura.* Mais un pareil argument est abo-
minable (*verabscheulich*). — Vous soutiendrez alors que ce mal moral
n'existe pas par la faute de Dieu, qu'il est inévitable, qu'il découle nécessairement des limites de la nature finie de l'homme. Mais dans ce cas
les hommes ne seraient pas responsables de ce mal, et ce mal ne serait

---

1 *Ueber das Misslingen aller philosophischen Versuche in der Theodicee.* *Hartenstein's
Ausg.,* VI, 139, *sqq.* Ce travail parut d'abord dans la *Berliner Monatsschrift,* au mois
de sept. (p. 194—225), 1791. J'insiste sur cette date, qui est d'environ six mois anté-
rieure à la première publication du *Mal radical* (*ibid.,* avril, 1792). C'est dans ce dernier
article que Kant passe à un autre système, que nous exposerons dans notre 3.ᵉ partie.
Serait-il trop hardi et trop pragmatique de supposer que ce furent ces difficultés de la
Théodicée qui déterminèrent ce changement dans les opinions de notre philosophe?

pas vraiment un mal moral, un péché, et vous retomberiez ainsi dans votre argument précédent. — Il ne vous reste donc qu'à prétendre que Dieu a seulement *permis* le mal. Malheureusement, cela ne nous dit rien ; car si Dieu l'a permis, c'est sans doute parce que, pour des raisons supérieures, il ne pouvait l'empêcher, c'est-à-dire, probablement parce que ce mal est fondé dans la nature même de l'homme. Nous voilà donc retombés dans le second argument.

II. Dieu doit vouloir la félicité de ses créatures, et pourtant le *mal physique* est un fait qui s'impose à nous et qui est contraire à la bonté de Dieu. — Vous pourrez encore en tenter l'apologie de trois manières, mais avec aussi peu de succès qu'auparavant pour le mal moral. D'abord vous essaierez de nier le fait, en disant que, dans la vie, il y a plus de bien que de mal ; mais, dit Kant, *wer möchte das Spiel des Lebens noch einmal durchspielen ?* — Si vous soutenez ensuite que le mal physique est nécessaire, parce qu'on ne peut sentir la jouissance (*Lust*) sans la douleur, vous entendrez la voix accusatrice de la créature qui s'écriera : ô Créateur, pourquoi m'as-tu donc créé, si tu ne peux me donner le bonheur sans douleur ! — Enfin, on pourrait, sans doute, se consoler en disant que ce temps de douleur n'est que la préparation d'une autre vie, plus heureuse ; mais, je vous prie, qui m'en est garant ?

III. Enfin, le Dieu que nous avons postulé devrait être *juste ;* mais nous voyons partout qu'il n'y a pas de proportion dans ce monde entre la vertu et le bonheur, entre le péché et le malheur ; ainsi donc notre Dieu, au lieu d'être juste, est injuste. — Ses défenseurs voudront, sans doute, nous contester le fait, en disant que l'impie a pour punition ses remords, et qu'il n'est jamais heureux ; mais pour qu'il en fût ainsi, il faudrait que l'impie eût la conscience délicate et scrupuleuse de l'homme vertueux. — On ne se tiendra pas encore pour battu, et l'on cherchera à ranimer notre courage, en disant que le malheur n'est que passager, qu'il n'a d'autre but que d'exciter à la vertu (*es soll ein Wetzstein für die Tugend sein*). Mais tout cela est faux ; car, bien des fois, un malheur fond sur l'homme vertueux, précisément *parce qu'il* est vertueux, et la souffrance, bien loin d'être passagère, dure souvent jusqu'à la fin, jusqu'à la mort. — Mais, reprennent les apologètes, cette fin n'en est pas une; car alors seulement commence, dans un autre monde, la vie de félicité; ici-bas elle ne saurait exister, parce qu'elle dépend de la marche du monde extérieur. Tout cela est fort beau, sans doute; mais pourquoi en serait-il dans un autre monde autrement qu'ici-bas?

On me demandera quelle est au fond l'importance de ces trois difficultés? Kant n'essaie-t-il point de les résoudre? Non, il les laisse telles quelles : ce sont là des questions spéculatives, transcendantes, sur lesquelles notre raison ne peut jamais que se tromper; on doit ne s'en occuper que pour apprendre à connaître les limites de la raison, et pour avouer que l'on ne sait rien. Certes, voilà qui est commode; mais je doute fort que nous ayons le droit de faire ainsi. En effet, l'idée de Dieu n'est pas une idée spéculative, transcendentale, qu'il importât peu de voir résister ou succomber aux attaques. Dieu est un postulat de la raison pratique; Dieu ne peut être nié sans que la raison pratique, la loi morale, ne soit niée elle-même. Or, nous avons vu qu'il y a des faits qui semblent prouver que ce Dieu, réalisateur du souverain bien, n'existe pas; nous ne saurions donc ignorer cette contradiction entre les *faits* et le *postulat;* nous *devons* prendre parti pour l'un ou pour l'autre. Il y va de ce que nous avons de plus précieux; il y va de l'absolu en nous. Si les faits sont vrais (et nous avons vu qu'on ne peut les nier), le postulat doit tomber; il est entâché de quelque défaut. Ce défaut dans le postulat du souverain bien, ne pouvant se trouver dans la notion de souverain bien (puisque c'est l'expérience qui nous l'a donnée), il faut qu'il vienne de ce que nous en avons *postulé* la réalisation; il faut que nous n'en ayons pas eu le droit. Nous voilà ramenés à la critique que nous avons faite plus haut, et par laquelle nous avons montré que la satisfaction de la sensation, partie intégrante du souverain bien, ne peut devenir un objet de la loi morale, et ne peut, par conséquent, être postulée : c'est là qu'est le faible du système, qui ne parvient pas à l'union de la loi morale et de la sensation.

Cependant, d'un autre côté, j'avoue que les difficultés qu'élève l'expérience contre le postulat, ne sont pas insolubles, et que l'on peut bien expliquer les trois faits principaux sans préjudice pour la loi morale. En effet, lorsque l'homme vient se plaindre du *mal moral*, pourquoi Dieu ne lui répondrait-il pas que lui, l'homme, en est le seul auteur, que lui seul en est responsable? Et quant au *mal physique*, pourquoi ne reconnaîtrait-on pas qu'il est une punition du mal moral, et que l'homme n'ayant pas accompli la loi morale, ne peut exiger de félicité? Enfin, pour la prétendue injustice de Dieu dans la *répartition* du bonheur et du malheur, on n'aurait qu'à montrer qu'étant infiniment coupables, nous n'avons aucun droit à la plus petite parcelle de bonheur. Sans doute, les difficultés existent tout entières pour la spéculation; mais, sur le terrain moral, le seul important pour Kant, elles sont ainsi complétement résolues. — Qu'on ne s'étonne cependant pas que Kant n'adopte pas cette solution-là; elle est en contradiction avec tout son système. En effet, d'après elle, si (comme Kant le dit) la sensation est la source du mal, la sensation ne peut plus être légitime, primitive, elle ne peut plus exiger la félicité; par suite, la notion du souverain bien est complétement changée, et là difficulté n'est plus de concilier la loi morale avec la sensation, mais de savoir comment nous pourrons atteindre à réaliser la loi morale, comment nous parviendrons à nous relever de la chute que nous avons faite dans le mal; c'est la loi morale elle-même qui court danger; elle a perdu en nous son caractère absolu; elle ne peut plus postuler. Voilà les conséquences de la solution que nous avons proposée. Nous verrons bientôt que plus tard Kant l'adopta pourtant en partie, et qu'il modifia son système.

Avant de quitter la Critique de la raison pratique, nous devons examiner de plus près l'idée de Dieu, qui en est le point culminant, la clef de voûte. Nous avons déjà vu qu'il n'est pas facile de découvrir la véritable signification de cette idée : nous avions postulé Dieu, d'abord pour donner à la sainteté parfaite sa conséquence, la félicité parfaite, puis, plus tard, pour établir une proportion entre notre bonheur et notre vertu; ensuite, Dieu était lui-même le bien absolu, et enfin, son existence se trouvait renversée par les faits. Quelle est l'unité de toutes ces manières de voir? — C'est à cette question que la déduction suivante doit répondre. Nous avons le désir d'être heureux, tout en étant vertueux; la loi morale et la sensation en nous sont également légitimes et nous recherchons leur union et leur réalisation simultanée. Malheureusement, l'*expérience* nous montre que cette idée d'union, que cet ordre moral, ne se rencontre pas dans la réalité, et même nous savons qu'il ne peut jamais s'y rencontrer d'une manière parfaite. Pressés que nous sommes de croire à cette union de nos deux principes, union que nous avons *idéalisée* sous le nom de souverain bien, nous idéalisons aussi sa réalisation, c'est à-dire, l'ordre moral, sous le nom de *Dieu*. Dieu n'est proprement là que pour nous; il est une pure idée *subjective*. Il est l'idée de ce qui peut réaliser l'union de la félicité avec la sainteté parfaite; — tel est du moins l'idéal dans toute sa pureté. Mais ainsi encore Dieu nous est trop objectif; il est trop impératif catégorique, et comme c'est surtout pour la félicité que nous avons admis son existence, nous abaissons l'idéal, et nous consentons à ce qu'il ne soit que l'ordre moral vulgaire, pourvu toutefois qu'il le soit bien d'après notre volonté. Cette dernière condition cependant n'est pas remplie, et, par suite, nous ne pouvons plus croire en Dieu. — Voilà ce qu'est Dieu, envisagé dans ses rapports avec nous. S'il existe d'ailleurs *objectivement*, il faut admettre qu'il est le souverain bien. — En résumé, Dieu n'est vraiment qu'un *idéal;* il représente l'idée de l'harmonie de la loi morale avec la sensation; or, cette idée étant impossible, Dieu aussi ne doit pas être. On ne peut pas non plus postuler Dieu; car c'est la *sensation* qui demande le souverain bien; la loi morale n'en a pas besoin; elle se contente seulement d'y mettre une condition; or, la sensation ne peut postuler. D'après ce que nous venons de dire, on voit que rien n'est plus faux que de prétendre que, pour Kant, dans la Critique de la raison pratique, Dieu est l'impératif catégorique; bien au contraire, Dieu est le souverain bien, c'est-à-dire, la *sensation limitée par la loi morale.*

TROISIÈME PARTIE.

Accommodation au christianisme.

REMARQUE PRÉLIMINAIRE.

Il pourrait sembler, qu'après avoir fait la critique des idées religieuses et avoir cherché la vérité absolue dans les postulats pratiques, la tâche de Kant fût accomplie, et l'on pourrait s'attendre à nous voir terminer ici notre travail.

Cependant, il est évident que, s'il est du devoir de la philosophie d'expliquer les faits existants, aucune philosophie ne saurait négliger le fait capital de toute l'histoire, le christianisme, suivant les uns le grand produit, suivant les autres le grand problème de l'esprit humain. Kant se trouva, lui aussi, en présence de ce fait, et dut l'examiner. Mais avec son système de dualisme étroit, avec l'exclusisme de sa religion rationnelle, il ne pouvait, comme nous le verrons dans le cours de l'exposé suivant, *comprendre* la religion positive; il n'essaie pas même de le faire; il ne tente aucune déduction; il voudrait même volontiers nier l'existence de ce fait importun; mais, comme l'évidence de la réalité s'y oppose, il l'accepte, d'assez mauvaise grâce, comme un fait, un fait sur l'origine duquel on garde un silence prudent, un silence, soi-disant respectueux, mais, au fond, un peu louche et équivoque. Et puis (qu'on me passe cette expression triviale, mais vraie), il faut faire bonne mine à mauvais jeu. Nous avons été forcés d'admettre l'existence du fait chrétien; eh bien! tirons-en, du moins, tout le parti possible; assimilons-le à la religion rationnelle, c'est-à-dire, servons-nous de son existence même pour y mettre fin, annihilons-le, tuons-le de ses propres mains. — Il y a une différence profonde entre ce procédé et celui de la critique hégélienne, de la critique de Strauss, par exemple, dans sa dogmatique. Strauss nous fait aussi assister à la mort du christianisme; mais, chez lui, ce n'est point une mort violente, venant du dehors, c'est une décomposition graduelle, naturelle de l'organisme. Chez Strauss, le christianisme se transforme nécessairement, en vertu de son propre principe vital, en philosophie; chez Kant, au contraire, la critique est arbitraire; ce n'est que parce qu'on le veut bien, ce n'est même que par ruse que la religion positive est amenée à se changer en religion rationnelle. Dans le système hégélien, la religion chrétienne et la philosophie sont de même substance; l'identité est essentielle, et la différence n'est qu'une différence de degré; — chez Kant, le christianisme (en tant que religion historique) et la religion naturelle, rationnelle, sont essentiellement différents : le principe de chacun d'eux est diamétralement opposé à celui de l'autre; il y a dualisme complet, et, encore une fois, ce n'est que par la violence et la ruse qu'on peut amener l'un d'eux à s'annihiler au profit de l'autre.

Kant, dans l'ouvrage où il expose cette étrange théorie[1], joint immédiatement l'exemple au précepte. Dès la première page nous rencontrons des formules chrétiennes; mais, en y regardant de près, nous reconnaissons qu'elles renferment un sens philosophique et non un sens religieux, des idées kantiennes et non des idées chrétiennes. Pour surprendre l'ennemi, Kant déguise ses soldats, et leur fait prendre la croix; il accommode ses philosophèmes au christianisme, pour lui inoculer quelque esprit philosophique, quelque valeur rationnelle. Son livre, moitié *dogmatique*, moitié *philosophie*, est donc un étrange assemblage de rationalisme pur et de formes chrétiennes. On conçoit qu'il est souvent très-difficile de distinguer s'il accorde à une idée chrétienne quelque valeur philosophique, ou s'il ne se sert de la formule de cette idée que par accommodation. Dans l'exposé suivant, je suivrai, autant que possible et plus encore que Kant, un ordre systématique, essayant de retrouver partout la liaison et la déduction qui devraient prédominer si l'ouvrage était purement philosophique; cet ordre était, je crois, dans l'intention de Kant, et fera ressortir plus clairement le sens que le philosophe attache à chaque formule prise dans la dogmatique. On verra

---

1 *Die Religion innerhalb der Grenzen der blossen Vernunft, vorgestellt von* I. Kant. *Königsberg,* 1793. C'est cette première édition que je cite.

aussi que, pour le fond, il était déiste ; mais que, pour la forme, il créa une espèce de *symbolisme* des dogmes.

D'après ce qui précède, on s'attendrait à ne voir dans la *Religion innerhalb der Grenzen der Vernunft*, qu'un simple jeu d'esprit, commandé par la nécessité de se prononcer sur un fait trop important pour ne point en parler. Cependant, cet ouvrage a encore un autre caractère : il contient, pour ainsi dire, un nouveau système, ou tout au moins une rectification du système précédent. Serré entre les deux principes, la sensation et la loi morale, et n'ayant point de milieu pour y placer le péché et la vertu, Kant se décide à admettre un pareil milieu, une faculté de choix entre le bien et le mal (arbitre). Il modère ainsi, pour la forme quoique non pour le fond, son dualisme ; il en fait un *idéalisme ;* il ne postule plus au nom de la loi morale ; il se contente de la poser comme un idéal, et s'efforce de la montrer se réalisant dans un progrès infini.

Ce système, si l'on veut l'appeler ainsi, contient deux parties qui correspondent à celles de la Critique de la raison pratique. Dans l'une nous voyons le mal radical nécessiter une révolution morale, et dans l'autre nous suivons le cours de cette révolution. La différence entre les deux systèmes consiste donc surtout en ce que, vu le mal radical, il ne s'agit plus maintenant de concilier la loi morale et la sensation, mais de sauver l'absoluité de la loi morale. La question qui nécessitait les postulats religieux dans le système précédent est bannie de celui-ci, et se trouve remplacée par une autre.

I. LE MAL RADICAL.

§. 11.

L'homme, sous le rapport de la volition, a trois dispositions primitives (*Anlagen*) : il a d'abord les instincts de l'*animal*, qui le poussent à sa propre conservation, à celle de l'espèce, et enfin, à la réunion avec ses semblables ; il a ensuite les dispositions d'un *être raisonnable*, qui lui font désirer, par exemple, d'obtenir de la valeur dans l'opinion des autres individus; enfin, il a encore ce qui constitue la *personnalité*, l'être responsable : *die Anlage zur Persönlichkeit ist die Empfänglichkeit der Achtung für das moralische Gesetz, als einer für sich hinreichenden Triebfeder der Willkühr.* La première de ces trois dispositions n'a pas sa racine dans la raison (*Vernunft*); la seconde repose sur la raison pratique, mais est asservie à d'autres mobiles; la dernière, enfin, n'a d'autre principe que la loi pratique absolue. Chacune d'elles est bonne : *sie sind nicht allein negativ gut (sie widerstreiten nicht dem moralischen Gesetze), sondern sind auch Anlagen zum Guten (sie befördern die Befolgung desselben); sie sind* ursprünglich, *denn sie gehören zur Möglichkeit der menschlichen Natur.* — Au milieu de ces trois dispositions, Kant introduit, sans l'annoncer, une faculté d'*arbitre (die Willkühr)*, qui plane au-dessus d'elles, qui les fait agir, et qui peut abuser des deux premières : c'est cet abus qui est le mal (*Religion*, etc., p. 13-18). L'expression de l'*arbitre*, ou, si l'on veut, son décret, se nomme *maxime*; la matière de la maxime est le *mobile* (*Triebfeder*). Il y a deux mobiles qui s'imposent *primitivement*, et par là innocemment à l'homme, et qui entrent dans son arbitre : c'est d'un côté la loi morale, et de l'autre la sensation. Si jamais un de ces mobiles venait à manquer en nous, nous serions, ou bien tout à fait bons, ou bien tout à fait mauvais; mais comme cela ne peut arriver, il faut en conclure que ce ne sont pas les mobiles (extérieurs) qui font qu'une maxime est bonne ou mauvaise; car dans toute maxime les deux mobiles étant toujours réunis, il faudrait que chacune de nos maximes fût à la fois bonne et mauvaise. On doit donc rejeter toute théorie qui expliquerait le mal par les mobiles, c'est-à-dire, par l'influence de la sensation ou par la perversité de la loi morale. En effet, la sensation n'ayant aucun rapport avec la moralité, et étant *per se* indifférente, ne saurait être la source du mal, qui, d'ailleurs, serait alors en dehors de notre responsabilité. On ne peut pas admettre davantage que la raison pratique puisse se pervertir et se perdre : *sich als ein frei handelndes Wesen, und doch von dem, einem solchen angemessenen, Gesetze (dem mora-*

lischen) *entbunden denken, wäre so viel, als eine ohne alle Gesetze wirkende Ursache denken, welches sich widerspricht.* Ainsi donc, comme la première de ces théories ne va pas assez loin, et que la seconde va trop loin, il faut en revenir à dire que la source du mal ne doit pas être cherchée dans les mobiles extérieurs, mais dans la maxime elle-même, c'est-à-dire, dans la faculté qui l'a produite, et qui est *l'arbitre*. L'arbitre reçoit les deux mobiles du dehors, et il ne peut en exclure aucun; mais, pour former une maxime, il faut qu'il en subordonne l'un à l'autre, et suivant que le mobile, qui est mis au-dessus de l'autre, est la loi morale ou la loi des sens, la maxime est ou bonne ou mauvaise. *Also muss der Unterschied, ob der Mensch gut oder böse sei, nicht in dem Unterschiede der* Triebfedern, *die er in seine Maximen aufnimmt* (*nicht in dieser ihrer* Materie), *sondern in der* Unterordnung (*der* Form *derselben*) *liegen, welche von Beiden er zur Bedingung der Andern macht* (p. 27-30).

Nous avons donc obtenu ainsi la *possibilité* d'une mauvaise maxime; mais avant de passer à l'*existence* de cette maxime, jetons un coup d'œil critique sur ce qui précède. Évidemment, ce nouveau système est en progrès sur celui de la Critique de la raison pratique. Dans cet écrit nous avions cherché en vain une faculté qui servît de milieu entre la loi morale et la sensation. En effet, à qui la loi s'imposait-elle? — A elle-même, c'est-à-dire, à la raison pratique, à la liberté? Mais c'est un contre-sens; une loi autonome ne peut s'imposer; et puis, nécessairement, lorsque cette loi n'est pas remplie, ce serait la liberté, c'est-à-dire, encore la loi qui en serait coupable. — Il faut donc que la loi s'impose à la *sensation*; alors, en effet, le mal vient de la sensation; mais alors aussi, le bien, la vertu vient de cette loi hétéronome, ce qui est vraiment exorbitant, quoique Schiller dise : *Tugend ist* Neigung *zur Pflicht* [*cf.* J. Müller, *vom Wesen und Grunde der Sünde*, 1.ʳᵉ édit., Breslau, 1839, p. 23-29]. — Pour sortir de cet embarras, il faut admettre une faculté intermédiaire, qui produise également le bien et le mal, et à laquelle s'imposent également la loi morale et la sensation : c'est *l'arbitre* de notre système actuel[1]. Cependant, s'il y a progrès dans ce sens, il y a rétrogradation dans un autre : la sensation est élevée ici à la même dignité que la loi morale; elle s'impose également, et il sera, on le voit, bien difficile de sauver l'absoluité de la raison pratique.

Mais retournons à notre exposé : la chute était possible; a-t-elle réellement eu lieu? L'histoire et l'expérience sont malheureusement là pour l'attester, et l'on ne peut nier que le genre humain n'ait une propension naturelle au mal (*einen natürlichen Hang zum Bösen*). *Der Mensch ist* von Natur *böse. Unter der Natur des Menschen wird der subjective Grund des Gebrauchs seiner Freiheit* [= *seiner Willkühr*] *verstanden, der vor aller in die Sinne fallenden That vorhergeht. Dieser subjective Grund muss aber immer wiederum selbst ein* Actus *der Freiheit sein, denn sonst könnte der Gebrauch oder Missbrauch der Willkühr des Menschen ihm nicht zugerechnet werden. Mithin kann nur in einer Regel, die die Willkühr sich selbst für den Gebrauch ihrer Freiheit macht, d. i. in einer* Maxime *der Grund des Bösen liegen. Wenn wir also sagen : der Mensch ist von Natur gut, oder, er ist von Natur böse, so bedeutet dieses nur so viel, als : er enthält einen* (*uns* unerforschlichen) *ersten Grund der Annehmung guter, oder der Annehmung böser Maximen. Dass der erste subjective Grund der Annehmung moralischer Maximen* unerforschlich *sei, ist daraus schon zu ersehen, dass, da diese Annehmung frei ist, der Grund derselben immer wiederum in einer* Maxime *gesucht werden muss, und, da auch diese eben sowohl ihren Grund* [*in einer Maxime*] *haben muss, man in der Reihe der subjectiven Be-*

---

[1] J. Müller pose le dilemme suivant sur l'arbitre : ou bien il est la liberté (= loi morale), et alors la loi morale commet le mal, ou bien il est une faculté spéciale pour le mal, ce qui est monstrueux (*vom Wesen und Grunde der Sünde*, p. 193 — 201). — Ce dilemme n'a aucune valeur, puisque l'arbitre, faculté mixte, produit non-seulement le mal mais aussi le bien. — Sans doute on ne comprend pas trop comment la liberté peut être une faculté différente de l'arbitre. Mais ce dilemme ne frappe pas du tout juste.

stimmungsgründe ins Unendliche immer weiter zurück gewiesen wird, ohne auf den ersten Grund kommen zu dürfen (p. 6, sq.).

Ce n'est pas tout; car, quoique ce mal primitif en nous soit le produit de notre liberté, et que nous en soyons nous-mêmes les auteurs, on peut dire, dans un certain sens, qu'il nous est «inné» (angeboren). *Weil der erste Grund der Annehmung unserer Maximen kein Factum sein kann, das in der Erfahrung gegeben werden könnte, so heisst das Gute oder Böse im Menschen (als subjectiver erster Grund) in dem Sinne angeboren, als es vor allem in der Erfahrung gegebenen Gebrauche der Freiheit (in der frühesten Jugend bis zur Geburt zurück) zum Grunde gelegt wird, und so als mit der Geburt zugleich im Menschen vorhanden, vorgestellt wird* (p. 8).

On peut encore dire dans un autre sens que l'homme est «mauvais de nature.» En effet, l'expérience nous prouve que *vitiis nemo sine nascitur*, et que le mal est un des caractères de l'humanité (page 8). *Der Mensch ist von Natur böse, heisst so viel als : dieses gilt von ihm in seiner Gattung betrachtet; nicht, als ob solche Qualität aus seinem Gattungsbegriffe könne gefolgert werden (denn alsdann wäre sie nothwendig), sondern er kann nach dem, wie man ihn durch Erfahrung kennt, nicht anders beurtheilt werden, oder man kann es, als subjectiv nothwendig, in jedem, auch dem besten Menschen, voraussetzen* (p. 24).

Pour notre raison, il y a contradiction entre la généralité du mal et son origine accidentelle. *Die gesetzwidrigen Maximen der Willkühr müssen, der Freiheit wegen, für sich als zufällig angesehen werden, welches mit der Allgemeinheit dieses Bösen sich wiederum nicht zusammen reimen will, wenn nicht der subjective oberste Grund aller Maximen mit der Menschheit selbst, es sei wodurch es wolle, verwebt und darin gleichsam gewurzelt ist; so werden wir diesen einen natürlichen Hang zum Bösen, und da er doch immer selbst verschuldet sein muss, ihn selbst ein radicales, angebornes (nichts destoweniger aber uns von uns selbst zugezogenes) Böse in der menschlichen Natur nennen können* (p. 25). *Dieses Böse ist* radikal, *weil es den Grund aller Maximen verdirbt; zugleich auch, als natürlicher Hang, durch menschliche Kräfte nicht zu* vertilgen, *weil dieses nur durch gute Maximen geschehen könnte, welches, wenn der oberste subjective Grund aller Maximen als verderbt vorausgesetzt wird, nicht Statt finden kann.* (p. 32).

D'après tout ce qui précède, il est clair que nous ne pouvons répondre à la question de l'*origine du mal*; car si l'on entend par là l'origine dans *le temps*, on applique à un acte intelligible (l'usage de la liberté) une notion sensible, ce qui est une contradiction. Il est tout aussi impossible d'indiquer l'origine *intellectuelle (Vernunftursprung)* du mal; en effet, pour que le mal puisse avoir une origine, il faut admettre qu'auparavant l'homme était bon; or, on ne peut déduire le mal du bien. Nous l'avons déjà vu, et Kant le dit encore plus explicitement ailleurs : *Das Böse hat nur aus dem moralisch Bösen entspringen können, und doch ist die ursprüngliche Anlage eine Anlage zum Guten; für uns ist also kein begreiflicher Grund da, woher das moralische Böse in uns zuerst gekommen sein könne* (p. 36-45; surtout 37, 43).

Le résultat de toute cette longue argumentation c'est donc que le mal est dans la nature intelligible, dans le *noumenon* de l'homme, que le mal est un *principe*. Il y a pour nous une antinomie théorique dans l'existence de ce mal, puisqu'il est général et même jusqu'à un certain point nécessaire, tandis que de l'autre côté il est accidentel. Cette antinomie nous ne pouvons la résoudre; nous devons nous contenter de déclarer qu'elle est au-dessus des limites de notre raison théorique.

Il est évident que Kant ne pouvait éviter ce résultat : il devait y être forcément conduit par les droits de la sensation, dont la Critique de la raison pratique n'expliquait pas la nature [voyez plus haut p. 92]. Mais ce résultat renverse toutes les idées précédemment émises sur la valeur absolue de la raison pratique; il fonde, pour ainsi dire, un nouveau système. Jusqu'ici Kant nous avait dit que la raison pratique n'est autre chose que la causalité intelligible dans l'homme, et que c'est pour cela qu'elle est absolue; .... mais maintenant il a introduit dans cette nature intelligible, dans ce *noumenon*, une autre causalité, celle du mal; il a empoisonné la source de la loi morale, et tous ses efforts doivent tendre désormais, non plus à accorder la loi morale et la sensation, mais à obtenir l'absoluité de la loi morale. Les paragraphes suivants nous montreront, ce dont nous nous doutons déjà, l'inutilité de ces efforts. Au lieu du dualisme resté sans conciliation dans la Critique de la raison pratique, nous aurons un idéalisme sans réalité [*cf.* p. 93 de ce travail].

II. VICTOIRE DE LA LOI MORALE SUR LE MAL RADICAL.

A. Révolution. — B. Lutte : *Personnification du bon principe. Satisfaction.*

§. 12.

La grande question maintenant est de savoir comment l'homme sortira de son état de « perversité » ou de « coulpe, » comment il réalisera la loi morale. — Kant distingue dans ce mouvement vers le bien trois points, trois phases : *d'abord* le bien existe virtuellement dans l'homme, et l'homme, par une grande révolution, proclame ce bien dans sa maxime; *puis* il lutte contre le mal, afin de réaliser cette maxime, et *enfin* il la réalise, il la rend générale et absolue au moyen d'une institution qui est le royaume de Dieu[1]. Nous suivrons cet ordre, qui nous fera bientôt voir comment cette révolution morale nécessite l'existence de la *religion*.

---

1 La division de Dorner (*Entwickelungsgeschichte der Lehre von der Person Christi.* Stuttg. 1839) est tout à fait fausse; il dit que cette restauration s'opère (*vermittelt sich*) en trois phases (*Momente*), qui sont l'idée de l'humanité, la fondation d'une république éthique, et l'établissement d'une église. Mais pour Kant ce troisième point n'est que la forme du second, et le premier est une image de la lutte entre les deux principes. D'ailleurs Kant indique lui-même très-nettement sa division :

Istes Stück : Von der Einwohnung des bösen Princips neben dem guten (Cette partie traite surtout du mal radical; mais aussi, vers la fin, du bon principe dans son état virtuel).

IItes Stück : Vom Kampfe des guten Princips mit dem Bösen, um die Herrschaft

Pour la première question, à savoir si l'homme peut briser l'empire du mal, nous devons rappeler qu'en tout cas il faut que cette révolution soit son œuvre à lui, et non celle d'un autre; car le bien n'est moralement bien qu'en tant que le libre arbitre le produit. — Or, ne cessant jamais d'être responsables, nous ne perdons jamais notre libre arbitre (p. 39), et nous avons toujours le *devoir* de faire le bien; mais si nous en avons le *devoir*, nous en postulons le *pouvoir*, et nous savons que nous pouvons rentrer sous l'empire du bien. Sans doute, notre raison théorique ne le comprend pas, pas plus qu'elle n'a compris la possibilité d'une chute; mais cela ne prouve rien contre cette possibilité, puisque c'est un fait *intelligible*, un fait du *noumenon*.

Il faut cependant admettre que, pour opérer cette restauration, nous avons conservé en nous un germe du bien, la loi morale, qui nous ordonne de lui obéir. Pour rentrer dans le bien, il suffit donc de rétablir cette loi morale, cet impératif, dans la suprématie qu'il doit exercer sur notre arbitre, et cette restauration s'opère par une révolution, pour ainsi dire par une *nouvelle création*, une *nouvelle naissance* (p. 40); l'homme renverse par une résolution et une maxime inébranlable la maxime générale (*den obersten Grund seiner Maximen*) par laquelle il était devenu mauvais (*cf.* p. 45, *sqq.* et surtout p. 51.).

C'est là le premier pas dans le mouvement moral : examinons-en l'importance. On pourrait croire, au premier abord, que, par cette révolution, ou si l'on veut, cette *conversion*, le mal est anéanti et le bien

---

über den Menschen (C'est ici qu'il parle de l'idée de l'humanité parfaite).

IIItes Stück : Vom Siege des guten Princips über das Böse, und [oder] der Stiftung eines Reichs Gottes auf Erden.

Il suit encore une 4.e partie : *Vom Dienst und Afterdienst unter der Herrschaft des guten Princips, oder von Religion und Pfaffenthum.* C'est un réquisitoire très-violent contre les ennemis de la liberté de conscience dans l'église. On sait que Kant ne l'a ajouté que pour se venger de l'opiniâtre orthodoxie de son censeur. (*Cf.* Rosenkranz, p. 255, 261, et la correspondance de Kant avec Fichte.)

rétabli; mais il n'en est rien. Le mal étant radical et s'étant élevé à la dignité d'un principe « intelligible, » ne peut être renversé complétement; il fait toujours opposition à la nouvelle maxime, et l'empêche de se réaliser entièrement. Sans doute, l'homme est devenu bon, virtuelle-ment et quant à l'intention, et Dieu en juge ainsi; mais l'homme, qui est retenu dans les limites du monde sensible, ne voit la réalisation de sa maxime que dans un travail, un progrès continu et infini, et tout ce qu'il peut espérer, c'est d'être entré dans un pareil progrès. *Dies* [ce progrès continu] *ist für denjenigen der den intelligibeln Grund des Herzens (aller Maximen der Willkühr) durchschauet, für den also diese Unendlichkeit des Fortschrittes Einheit ist, d. i. für Gott, so viel als wirklich ein guter Mensch sein, und insofern kann diese Verände-rung als Revolution betrachtet werden; für die Beurtheilung der Menschen aber, die sich und die Stärke ihrer Maximen nur nach der Oberhand, die sie über Sinnlichkeit in der Zeit gewinnen, schätzen können, ist sie nur als ein immer fortdauerndes Streben zum Bessern, mithin als all-mählige Reform des Hanges zum Bösen anzusehen* (p. 51, sq.).

Ainsi donc, il doit y avoir lutte après le changement de maxime, et par ce qui précède nous avons déjà dépeint en quoi consiste cette lutte. Le bon principe qui combat en nous est la loi morale, et notre devoir consiste à renforcer toujours davantage ce principe, en augmentant le respect que nous avons pour lui (*Achtung*). Ce respect, nous l'avons vu, est le sentiment de la sublimité de la loi, ou, si l'on veut, de la sublimité de notre destination morale; il peut donc se réchauffer au feu de l'en-thousiasme. Tout le monde connaît le passage qui termine la critique de la raison pratique, et que cite madame de Staël dans son « Allemagne »: *Zwei Dinge erfüllen das Gemüth mit immer neuer und zunehmender Bewunderung und Ehrfurcht, je öfter und anhaltender sich das Nach-denken damit beschäftigt : der bestirnte Himmel über mir, und das moralische Gesetz in mir,* etc., (*pr. V.*, p. 288). La *loi morale en moi,* voilà, en effet, ce que je dois contempler pour me fortifier dans le bien (*Religion*, etc., p. 52, *sqq.*). Or, cette loi morale [ou bien aussi *die moralische*

Anlage] c'est l'*humanité dans toute sa perfection morale*. En personnifiant ainsi le bon principe on peut dire qu'il est l'homme parfait. C'est à cause de lui, c'est-à-dire, c'est pour réaliser la loi morale, que Dieu a créé le monde. *Dieser allein Gott gefällige Mensch ist in ihm von Ewigkeit her; die Idee desselben geht von seinem Wesen aus, er ist sofern kein erschaffenes Ding, sondern sein eingeborner Sohn, das Wort, durch welches alle anderen Dinge sind, und ohne das nichts existirt, was gemacht ist (denn um seinet, d. i. des vernünftigen Wesens willen, so wie es seiner moralischen Bestimmung nachgedacht werden kann, ist alles gemacht). Er ist der Abglanz seiner Herrlichkeit. In ihm hat Gott die Welt geliebt, und nur in ihm und durch Annehmung seiner Gesinnungen können wir hoffen «Kinder Gottes zu werden,»* etc. — *Dieses Ideal der Gott wohlgefälligen Menschheit (mithin einer moralischen Vollkommenheit, so wie sie an einem von Bedürfnissen und Neigungen abhängigen Weltwesen möglich ist) können wir uns nun nicht anders denken, als unter der Idee eines Menschen, der nicht allein alle Menschenpflicht selbst auszuüben, zugleich auch durch Lehre und Beispiel das Gute in grösstmöglichem Umfange um sich auszubreiten, sondern auch, obgleich durch die grössten Anlockungen versucht, dennoch alle Leiden bis zum schmählichsten Tode um des Weltbesten willen, und selbst für seine Feinde, zu übernehmen bereitwillig wäre* (p. 67, sqq.). Il est donc clair que cet Homme-Dieu, ce Fils de Dieu, est l'idéal de l'homme vertueux, vertueux dans le combat et la lutte contre le mal; c'est la personnification, non pas en général de la loi morale, mais de la loi morale *en moi*, c'est-à-dire, du bon principe dans sa guerre avec le mauvais.

Quant à la réalité de cette idée, il importe fort peu que dans l'expérience, dans l'histoire, un homme l'ait jamais réalisée; car elle existe, *a priori*, comme postulat, en nous. *Diese Idee hat ihre Realität in praktischer Beziehung vollständig in sich selbst. Denn sie liegt in unserer moralisch gesetzgebenden Vernunft. Wir sollen ihr gemäss sein, und wir müssen es daher auch* können (p. 70, sq.). Nous devons atteindre cet idéal et le réaliser, c'est-à-dire, nous devons, dans notre lutte, arriver à la victoire. Nous ne pouvons plaire à Dieu que si nous avons la foi pratique à son Fils, c'est-à-dire, si nous sommes assurés d'avoir la force de l'imiter partout et toujours (p. 69, *sq.*).

Mais il se présente à la réflexion des objections qui semblent contredire la possibilité de cette idée et qui paraissent prouver que la lutte ne pourra jamais nous permettre de faire disparaître le mal. Ces objections sont au nombre de trois. Nous allons les exposer et les résoudre l'une après l'autre.

I. La première difficulté se rapporte à la *sainteté* du Dieu législateur, ou, ce qui est plus vrai, à la sainteté de la loi. Comme nous avons au fait déjà exposé cette difficulté en prouvant qu'une lutte doit suivre le changement de maxime dans l'homme, nous nous contenterons de la rappeler en peu de mots : Du mal, où nous nous trouvons, au bien, où nous devons arriver, la distance est infinie, et aucun acte de notre vie n'est entièrement conforme à la loi. Cette conformité de l'état moral de l'homme avec la loi doit donc être cherchée dans l'intention, dans la volonté, c'est-à-dire, dans la maxime que nous avons adoptée comme maxime supérieure (*oberste Maxime*). Mais la difficulté est précisément de comprendre *comment l'intention peut compter pour l'acte qui, dans chaque moment donné, est défectueux?* — La solution en est bien simple : Dieu qui voit le progrès infini (et il y a progrès chez l'homme changé, converti), Dieu qui le voit sans limite de temps (*in seiner reinen intellectuellen Anschauung als intelligible That*) le regarde comme déjà accompli (p. 78 *sqq.*).

II. La seconde difficulté concerne la *bonté* de Dieu, et a pour objet le *bonheur moral* (*moralische Glückseligkeit*). En effet, l'homme, en ouvrant la lutte contre le mauvais principe, doit désirer l'assurance que ses efforts ne seront pas vains, et qu'il ne retombera pas dans le mal [*Er wünscht*] *die Versicherung von der Wirklichkeit und Beharrlichkeit einer im Guten immer fortrückenden (nie daraus fallenden) Gesinnung.* On ne saurait dire à un homme qui tremble à ce sujet de se fier à son *sentiment;* car rien ne trompe davantage. — Voici la véritable solution : L'homme qui a adopté la bonne maxime et qui la réalise, fait des progrès qui lui donnent toujours davantage la *force* d'en faire encore plus; il peut donc raisonnablement «espérer» de ne plus retomber tant qu'il vivra, et même, si une autre vie l'attend, de continuer toujours davantage à s'approcher de la perfection morale, qu'il n'atteindra pourtant jamais : *es ist ein Blick in eine unabsehbare, aber gewünschte und glückliche Zukunft.* Celui, au contraire, qui fait le mal, peut s'attendre à y tomber toujours plus, d'éternité en éternité, ... *unabsehbares Elend.* Ainsi nous avons là deux sortes d'éternité, et il faut convenir que ces images (*Vorstellungen*) ont une grande importance pratique; mais on aurait bien tort de les enseigner comme des dogmes, car c'est un sujet qui dépasse notre raison théorique. Il ne serait pas même bon que nous sussions quelque chose de positif sur la question de l'éternité des peines, par exemple; car si elles ne durent qu'un temps limité, on ferait le mal et s'en consolerait, en disant, qu'après tout, on pourra bien supporter ces douleurs de purgatoire; si, au contraire, elles doivent être éternelles, l'homme qui voudrait se convertir sur son lit de mort, serait sans espoir (p. 80 *sqq.*).

III. La troisième et la plus grande difficulté se rapporte à la *justice* de Dieu. Il ne s'agit pas ici, comme pour la première objection, de l'imperfection de nos actes d'à présent, mais du mal qui a précédé la révolution dans notre intérieur. En effet, si même l'homme ne retombe plus, il a pourtant *commencé par faire le mal.* Ce mal est *infini*, puisqu'il existe dans l'intention, dans les maximes. Le bien que l'homme fait plus tard ne peut effacer ce mal qui, de plus, en tant que coulpe, est la chose *la plus personnelle*, et ne saurait être transmis à un autre individu pour être effacé par lui. On se demande donc si l'homme ne doit pas s'attendre à une *punition infinie*, ou s'il peut obtenir son pardon.

Voici la réponse de Kant : Comme il s'agit d'un homme changé, converti, cette punition ne peut tomber sur lui *avant* sa conversion, mais seulement *après*; ou *pendant* qu'elle s'opère. Si elle tombait *après*, ce ne serait pas juste; car, «moralement parlant, il est un autre homme,» qui ne doit pas souffrir pour l'ancien coupable. Il ne reste donc que le moment de la conversion lui-même. L'acte de la conversion est double : il y a là sortie du mal et l'entrée dans le bien; la mort du vieil homme et la naissance du nouvel homme. Mais ces deux actes ne peuvent être séparés, ni dans le temps, ni intellectuellement, puisque l'un ne peut s'opérer sans l'autre; le principe du bien agit également dans les deux, et la douleur qui accompagne légitimement le premier, est produite par le second. Ainsi donc, dans l'acte de sortie du mal et dans l'entrée dans le bien, le nouvel homme souffre et se soumet à la longue série des douleurs de la vie, par pur amour du bien (comme son modèle, le Fils de Dieu); car toutes ces souffrances, ce n'est pas lui qui les a méritées, mais bien le vieil homme. *Ob er also gleich* physisch (*seinem empirischen Charakter als Sinnenwesen nach*) *betrachtet, eben derselbe strafbare Mensch ist,…. so ist er doch in seiner neuen Gesinnung* (*als intelligibles Wesen*) *vor einem göttlichen Richter, vor welchem diese die That vertritt,* moralisch *ein anderer; und* diese [*die Gesinnung*] *in ihrer Reinigkeit wie die des Sohnes Gottes, welche er in sich aufgenommen hat, oder* (*wenn wir diese Idee personificiren*) *dieser selbst trägt für ihn, und so auch für alle, die an ihn* (*praktisch*) *glauben* (*als Stellvertreter*) *die Sündenschuld, thut durch Leiden und Tod der höchsten Gerechtigkeit als* Erlöser *genug, und macht als* Sachwalter, *dass sie hoffen können, vor ihrem Richter als gerechtfertigt zu erscheinen; nur, dass in dieser Vorstellungsart jenes Leiden, was der neue Mensch, indem er dem alten abstirbt, im Leben* fortwährend *übernehmen muss, an dem Repräsentanten der Menschheit als* ein *für allemal erlittener Tod vorgestellt wird.* — Ainsi d'un côté, notre conversion, notre salut est notre œuvre, et de l'autre côté pourtant nous recevons tout par pure *grâce.* En effet, d'après la connaissance que nous avons de notre état moral, nous n'aurions jamais pu exiger de Dieu qu'il nous imputât à justice, comme si nous avions déjà atteint le but, cette série d'actions imparfaites et ce progrès sans fin (p. 87, *sqq.*).

17

Cette déduction de la « satisfaction » donnée, Kant se demande quelle en peut être l'utilité. Pour la théorie elle répond à une difficulté; mais pour la pratique elle n'est d'aucun usage, si ce n'est toutefois qu'elle montre aux hommes qu'il faut une conversion complète et qu'aucune expiation extérieure ne peut les sauver (p. 95, *sqq.*).

Quant à nous, nous devons aussi nous demander quel est le but de toute cette personnification de la loi morale. Nous avons vu que Kant introduit d'abord l'idée du Fils de Dieu comme devant exciter notre enthousiasme et venir ainsi en aide à notre faiblesse; mais ensuite il ne s'en sert plus que pour résoudre des difficultés théoriques. Ce dernier usage est évidemment le seul qui soit vraiment philosophique ; nous devons donc nous demander quelle est la valeur objective de cette image. Le Fils de Dieu, avons-nous dit, est la loi morale en nous, il est la révolution morale considérée comme terminée, comme absolue. Or, cette révolution n'est absolue que dans son principe, dans son germe, dans la bonne maxime supérieure que nous avons adoptée, dans l'intention (*die Gesinnung*). *Le Fils de Dieu n'est autre chose qu'une image de l'intention.* C'est par l'intention que nous sommes sauvés. Il s'agit donc de savoir si l'intention est vraiment absolue; elle l'est, si elle se réalise. Sa réalisation a lieu dans la lutte morale, qui, sans doute, n'a jamais de fin, mais qui mène à un progrès infini; ce progrès infini peut être considéré comme *unité*, c'est-à-dire comme réalisation absolue. Cela revient à dire que l'intention est réalisée dans l'*idéal* (du Fils de Dieu). — Mais un idéal n'est rien d'objectif, et par suite, l'idée du Fils de Dieu, ou l'intention, n'a pas de valeur absolue. Elle ne peut jamais se réaliser entièrement, parce que le mauvais principe ne peut jamais cesser d'exister et qu'il limite toujours le bon. En effet, si l'on peut dire que l'homme doit être sauvé, parce qu'il se rapproche toujours davantage de la loi morale, on peut tout aussi bien dire qu'il *ne peut pas* être sauvé, puisqu'il a toujours le mauvais principe en lui, et qu'il ne réalise jamais entièrement la loi morale. — Le résultat de notre critique est donc que l'absolu ne réside point dans la loi morale qui est dans l'homme, — peu importe que l'on appelle cette loi « intention, » « bon principe, » « bonne maxime supérieure, » ou bien aussi « Fils de Dieu. » — Si, pour terminer, nous comparons encore la théorie kantienne de la satisfaction avec celle de l'Église, nous verrons que la première contient tous les points importants de l'autre ; mais elle les considère comme des images de la révolution morale *en nous* [1]. La théorie kantienne part du sujet et essaie de s'élever à l'objet, à l'absolu. La théorie ecclésiastique part de l'objet (le mérite du Christ), et veut le faire recevoir par le sujet (le pécheur). Aucune des deux ne réussit : chez Kant l'homme ne parvient pas à être sauvé, puisque dans le sujet il n'y a rien d'objectif pour l'élever au-dessus de lui-même ; le système ecclésiastique, orthodoxe, au contraire, n'est pas encore parvenu à expliquer comment le mérite du Christ historique, extérieur, devient ma propriété, mon bien, comment il m'est imputé.

C. Victoire.

§. 13.

Royaume de Dieu.

La lutte dans laquelle l'homme (moral) est engagé, ne peut lui procurer tout au plus que la délivrance, et non pas l'empire ; il sera toujours en butte aux attaques du mauvais principe, tant qu'il vivra avec les autres hommes, qui, eux aussi, sont plus ou moins adonnés au mal. En effet, ses passions, ses besoins sensuels ne se réveillent que dans la société, et s'il vivait seul et séparé du reste du monde, il pourrait peut-être mieux les dompter [2]. Le seul moyen de vaincre ce mal commun, ce mal de l'humanité, c'est de fonder une société qui ait pour but la réalisation du bien, et qui tende à devenir une nouvelle humanité en embrassant dans

---

1 Baur dit donc avec infiniment de raison de la théorie kantienne : *Sie stellt sich der faktischen Objectivität der kirchlichen Satisfactionslehre gegenüber, als ihr inneres subjectives Gegenbild* (*Die christliche Lehre der Versöhnung in ihrer geschichtl. Entwikl.* Tübingen, 1838, p. 581).

2 Kant a sur la société humaine et la civilisation tout à fait les idées de Rousseau, pour lequel il professait d'ailleurs la plus haute estime.

son sein tous les membres du genre humain. Or, comme la loi morale
nous ordonne absolument de sortir du mal, nous devons saisir ce moyen,
et c'est un devoir particulier que de réaliser cette société (p. 119 *sqq.*).
*Hier haben wir eine Pflicht von ihrer eigenen Art, nicht der Menschen
gegen Menschen, sondern des menschlichen Geschlechts gegen sich
selbst. Jede Gattung vernünftiger Wesen ist nämlich objectiv in der
Idee der Vernunft zu einem gemeinschaftlichen Zwecke, nämlich der
Beförderung des höchsten, als eines gemeinschaftlichen Guts, bestimmt*
(p. 127, *sq.*).

Dès que nous dégageons cette déduction de sa forme populaire, il
nous reste l'idée très-simple, que la loi morale ne peut parvenir dans
l'individu à l'absolu, et qu'il faut qu'elle soit réalisée par le genre humain
tout entier. Nous voilà donc sortis des limites si étroites du sujet, et
nous voyons que ce n'est plus le *moi* individuel qui est l'absolu, mais
l'ensemble de tous les *moi*, — si toutefois cette société morale peut
parvenir à se réaliser.

Cette société peut s'appeler une *république éthique*, par opposition à
la *république civile* (*politique, juridique*). Avant d'entrer dans cet état
de *civilisation* éthique ou politique, l'homme se trouve dans un état
naturel, soit sous le rapport éthique, soit sous le rapport politique. *In
beiden (dem juridischen Naturzustande, und dem ethischen Naturzustande) gibt ein jeder sich selbst das Gesetz, und es ist kein äusseres,
dem er sich, sammt allen Andern, unterworfen erkennete. In beiden ist
ein jeder sein eigener Richter, und es ist keine öffentliche machtha-
bende Auctorität da.* En d'autres termes, c'est l'état atomistique, subjectif.
— Voici la description de l'état objectif, soit politique, soit éthique. :
Ein rechtlich bürgerlicher (*politischer*) *Zustand ist das Verhältniss
der Menschen unter einander, sofern sie gemeinschaftlich unter öffentlichen Rechtsgesetzen, die insgesammt* Zwangsgesetze *sind, stehen. Ein*
ethisch bürgerlicher *Zustand ist der, da sie unter dergleichen* zwangs-
freien, *das ist, blossen Tugendgesetzen, vereinigt sind.*

Quant aux conséquences qui résultent de ces principes, en voici les plus

importantes. D'abord la définition même de l'état naturel montre la nécessité et le devoir d'en sortir; car, comme l'état naturel juridique consiste
dans la guerre de chacun contre chacun, de même l'état naturel éthique
consiste dans la lutte continuelle du mauvais principe contre le bon. — Il
résulte ensuite clairement des définitions des deux républiques, qu'elles
diffèrent complétement, et que l'on peut se trouver dans l'état de civilisation
politique sans faire partie de la république éthique. Ce n'est donc nullement en tant que citoyens d'un état civil que nous avons le devoir d'entrer
dans la société morale : *Denn dass ein politisches gemeines Wesen seine
Bürger zwingen sollte, in ein ethisches gemeines Wesen zu treten, wäre
ein Widerspruch* in adjecto ; *weil das letztere schon in seinem Begriffe
die Zwangsfreiheit bei sich führt.* — Il y a donc séparation entre les deux
républiques, parce que leurs sphères sont différentes, et l'état politique
ne peut prendre connaissance de la société éthique, qu'en tant que celle-
ci revêt une forme extérieure. *Nur sofern ein ethisches gemeines Wesen
doch auf* öffentlichen *Gesetzen beruhen und eine darauf sich gründende
Verfassung enthalten muss, werden diejenigen, die sich freiwillig ver-
binden in diesen Zustand zu treten, sich von der politischen Macht
nicht, wie sie solche innerlich einrichten oder nicht einrichten sollen,
befehlen, aber wohl Einschränkungen gefallen lassen müssen, nämlich auf die Bedingung, dass darin nichts sei, was der Pflicht ihrer
Glieder als* Staatsbürger *widerstreite* (p. 122, *sqq.*). — Ce sont là
entièrement les principes des partisans actuels de la séparation de
l'Église et de l'État; nous devons seulement ajouter que Kant, pas plus
que ses disciples, ne reste toujours fidèle à cette théorie, et que, dans
les détails, il se laisse souvent dominer et imposer par les faits existants,
quoique d'un autre côté il exige constamment pour la pensée la plus
rgande liberté possible.

Nous continuons notre exposé : Dans un état politique, dit Kant d'après
Rousseau, le législateur est l'ensemble de tous les citoyens, il est la
volonté générale. Dans un état éthique il ne saurait en être ainsi, puisqu'il
s'agit ici de la *moralité* des actions, et que cette moralité étant un fait

tout intérieur, ne peut jamais tomber sous les sens et être appréciée par les hommes. Il faut donc un législateur *supérieur* qui décrète des lois publiques. Mais, d'un autre côté, comme il s'agit d'un état éthique, il faut que ces lois ne soient pas seulement fondées dans la volonté du législateur, mais bien aussi dans la loi morale; sans cela il n'y aurait plus de liberté, et il faudrait obéir à des *statuts* extérieurs. Ainsi donc il faut un législateur qui décrète, comme étant sa propre volonté, les devoirs ordonnés par la loi morale; il faut un Dieu qui sanctionne la raison pratique, qui la rende objective, absolue. — C'est donc, quoiqu'en dise Kant, dans la religion que la morale obtient sa véritable valeur.

En effet, c'est ici seulement que nous arrivons vraiment à la notion de la religion. Dans la Critique de la raison pratique nous étions parvenus à postuler un Dieu, à croire en lui; mais cette foi n'avait d'autre but que de contenter notre raison théorique, qui se trouvait effrayée du grand dualisme de la Critique de la raison pratique. Sans doute, dans quelques passages de ce livre déjà et dans la préface de la « Religion rationnelle » (*Relig. innerh. d. Gr.*)[1], Kant prétend que cette foi en Dieu a pourtant une grande importance pratique. Elle est, dit-il, une conséquence de la loi morale, elle nous montre quel sera le résultat de notre moralité, et elle donne ainsi un *but* (*Zweck*) à notre volonté. Tout cela est fort beau; mais si c'est vrai, il faudra déclarer que cette foi en Dieu est mauvaise, puisqu'elle devient une hétéronomie pour notre liberté, qui ne doit avoir d'autre but que d'accomplir la loi morale par pur respect pour cette loi. — Dans notre système actuel la religion paraît, au premier abord, jouer un autre rôle : l'homme étant (à cause du mauvais principe en lui) trop faible pour accomplir le bien sans secours étranger, trouve son salut dans la religion qui lui fait accomplir la loi morale par des motifs religieux, — c'est-à-dire pourtant par des motifs pris en dehors de cette loi morale! En

---

1 On dirait que, dans cette préface, Kant voulait cacher le changement qui s'était opéré dans sa manière de voir; elle n'est point en harmonie avec le reste du livre.

réalité, le changement entre les deux systèmes n'est donc pas immense, et il ne consiste que dans l'aveu plus franc de la faiblesse humaine et de la *nécessité* d'une religion, tandis que d'abord il ne s'agissait que de son utilité. — Nous venons de dire que, dans le système que nous exposons maintenant, les motifs religieux sont des motifs pris en dehors de la loi morale. C'est, en effet, ainsi que Kant paraît présenter la chose; mais, en y regardant de près, nous voyons que Dieu n'étant autre chose qu'une représentation de la loi morale, la religion n'est aussi qu'une représentation du respect pour cette loi, et que par conséquent les motifs religieux ne sont autre chose que des motifs moraux. — Mais il s'ensuit alors aussi que, si la religion, qui peut seule donner une valeur absolue à la morale, si la religion, dis-je, ne repose que sur la loi morale, cette loi morale n'a pas de valeur absolue. En effet, je ne connais la loi morale que dans mon «moi;» or, dans ce *moi* elle n'est pas absolue, elle est limitée par le mauvais principe. Ne pouvant donc point arriver de cette manière, c'est-à-dire en moi, à l'absolu, je le place en dehors de moi [*je le postule*, sans doute], et je tâche de m'identifier avec lui par la religion. Mais hélas! cet absolu que j'ai placé hors de moi, n'est que le non-absolu en moi, et si j'en faisais bien sérieusement un absolu, je nierai la loi morale en moi, et par conséquent mon seul moyen d'arriver moi-même à l'absolu. En d'autres termes, la religion qui doit rendre absolue la loi morale (non-absolue), n'est autre chose que cette loi non-absolue; — et si je soutiens sérieusement que la religion est absolue, la loi morale ne l'est pas, c'est-à-dire, n'existe pas. — Ainsi, la religion devrait soutenir la loi morale; mais, ou bien elle est la même chose que cette loi et ne peut donc la soutenir, ou bien elle lui est opposée et la renverse. Si la religion est vraie, le système kantien, qui place l'absolu dans la loi morale en moi, est faux, — et pourtant, d'un autre côté, ce système ne peut-être conservé que s'il se peut appuyer sur la religion, que si la religion est vraie. — Pour sauver l'absolu il faut donc admettre une antimonie entre la morale et la religion; et c'est ce que Kant fait en l'exprimant comme antinomie entre ce que nous *devons* faire et ce que nous *ne pouvons* faire dans la réalisation du bien, entre ce que *nous* faisons et ce que *Dieu* fait.

L'homme, ayant en lui le mauvais principe, ne peut jamais, par ses propres forces, réaliser ce royaume de Dieu, cette société éthique, c'est-à-dire il ne peut donner lui-même à la loi morale en lui une valeur absolue; il faut donc admettre que Dieu seul peut établir ce peuple de Dieu. Mais, d'un autre côté, cette réalisation du bien, étant une œuvre morale, doit être l'œuvre de la liberté de l'homme (p. 133, 198, *sq.*); il y a donc là une antinomie que rien ne peut résoudre théoriquement. Quant à la pratique, la solution est bien simple : nous devons travailler à la réalisation de cette société éthique, comme si tout dépendait de nous.

Cette antinomie peut se présenter sous trois formes, qui sont autant de *mystères*[1], et qui, sans doute, correspondent aux trois phases de la révolution morale :

I. Le premier mystère est celui de la *vocation* (*Berufung*). Comment Dieu nous a-t-il *appelés* à devenir citoyens de l'état éthique? Cette question, posée nettement, revient à celle-ci : Comment a-t-il pu nous *créer*, nous qui sommes *libres*? Nous avons déjà montré autre part (§. 10, p. 108) d'où vient cette antinomie, et nous savons qu'elle ne peut être résolue.

II. Le second mystère consiste dans la *satisfaction* (*Genugthuung*). L'homme, étant mauvais, ne peut réaliser le bien ; il faut donc que Dieu vienne à son secours ; mais un pareil secours étant contraire à la spontanéité, détruirait la moralité de notre conversion : c'est l'antinomie dans toute sa pureté.

III. Enfin, le troisième mystère est celui de l'*élection* (*Erwählung*). Si l'on accorde la possibilité du secours nécessaire pour la satisfaction, il restera toujours à expliquer comment l'homme peut le *recevoir*, l'accepter. En effet, pour qu'il l'acceptât, il faudrait qu'il y eût déjà en lui

---

1 Kant n'entend par *mystères* que les antinomies théoriques fondées sur la raison pratique. Voyez sa définition, p. 202 (vers la fin) et p. 196, *sq.*

(*auparavant*) une bonne maxime, ce qui est impossible; il faut donc dire qu'il l'accepte par le concours de la *grâce* de Dieu, et que Dieu *décrète* d'une manière *absolue* à qui il veut faire cette grâce, — ce qui est contraire à la notion de justice. Nous avons donc l'antinomie du pélagianisme et de l'augustinianisme (*cf.* p 203, *sq.*).

Nous avons déjà vu comment cette triple antinomie se résout pour la pratique; mais, comme nous nous trouvons aussi sur le terrain religieux, il faudra qu'il y ait également une solution au moyen de l'idée de Dieu. En effet, l'absolu de la loi morale ne pouvant être garanti que par la religion, il faut que la religion nous donne la véritable solution de l'antinomie. Nous nous représenterons donc Dieu tel qu'il est nécessaire qu'il soit pour que cette antinomie n'en soit pas une, et c'est ainsi que l'idée d'un maître du monde moral (*moralischer Weltherrscher*) devient un problème pour notre raison pratique. — On peut facilement prédire que ce procédé n'aura d'autre résultat que de faire entrer dans l'idée de Dieu les deux membres de l'antinomie, c'est-à-dire, de limiter l'idée absolue de Dieu par ce qu'il y a de défectueux en nous, par le mauvais principe, et de lui enlever ainsi son absoluité.

Pour répondre au besoin de notre raison pratique, nous croyons, dit Kant, en un Dieu trinitaire: *der wahre Religionsglaube ist der Glaube an Gott:* 1) *als den allmächtigen Schöpfer Himmels und der Erde, d. i. moralisch als* heiligen *Gesetzgeber;* 2) *an ihn, den Erhalter des menschlichen Geschlechts* [puisqu'il en est l'*idéal*], *als* gütigen *Regierer und moralischen Versorger desselben;* 3) *an ihn, den Verwalter seiner eigenen heiligen Gesetze, d. i. als* gerechten *Richter.* Cette triple qualité du chef moral du genre humain, correspond aux trois *pouvoirs* que le «Contrat social» place à la tête de tout état civil; toutefois, pour l'état éthique, ces trois pouvoirs se trouvent réunis en un seul être. — Au reste, voici le sens de ces trois qualités ou pouvoirs: 1.° Dieu est *saint*, c'est-à-dire, ni indulgent ni despote; il fait observer rigoureusement ses lois; mais ses lois ne sont pas des statuts arbitraires; 2.° Dieu est *bon* (*gütig*), — bien entendu, non d'une bonté molle (*Wohlwollen*) envers tous les hommes, mais d'une bonté morale (*Wohlgefallen*) envers ceux qui veulent faire le bien ; il vient à leur secours lorsque leurs forces sont trop faibles ; 3.° Dieu est *juste*, c'est-à-dire il ne juge, ni d'après la sévérité de sa sainteté et de sa loi, ni d'après la bonté de sa grâce ; sa justice est : *Einschränkung der Gütigkeit auf die Bedingung der Uebereinstimmung der Menschen mit dem heiligen Gesetze,* so weit sie als **Menschenkinder** der Anforderung des letztern gemäss sein können. Dieu est la loi morale dans sa divinité lorsqu'elle parle à notre conscience (p. 200, note). — *Mit Einem Wort : Gott will in einer dreifachen specifisch verschiedenen moralischen Qualität gedient sein, für welche die Benennung der verschiedenen (nicht physischen [= metaph.], sondern moralischen) Persönlichkeit eines und desselben Wesens kein unschicklicher Ausdruck ist (cf.* p. 199-202). — Il va sans dire que Kant insiste beaucoup sur ce point, que ce sont là des distinctions morales et non point dogmatiques. Admettre que l'objet de cette foi, c'est-à-dire Dieu, est réellement divisé en trois personnes, c'est, dit-il, faire tomber la foi dans un « esclavage anthropomorphique » (*Anthrop. Frohnglaube*). On ne doit pas par conséquent invoquer ces trois personnes, ce qui serait supposer qu'elles existent objectivement ; mais on peut prier Dieu au nom de son Fils, c'est-à-dire, au nom de la loi morale en nous. D'un autre côté, la distinction de ces trois personnes dans l'*idée pratique* de Dieu, est de la plus haute importance, c'est le symbole de foi de la vraie religion rationnelle ; car, sans cette distinction, l'homme se ferait une idée de Dieu d'après son bon plaisir. Comme cette foi en un Dieu trinitaire est si importante, et qu'ordinairement la religion est souillée par d'impurs anthropomorphismes, on peut bien appeler le premier enseignement qui la fit connaître, une « révélation, » quoiqu'elle ne contienne pas de mystère (p. 201, 202, 208).

La critique, selon moi, ne peut rester indécise sur la véritable valeur de cette trinité : nous l'obtenons en modifiant l'idée de Dieu d'après notre état moral subjectif ; notre subjectivité influe donc sur son objectivité, ou plutôt Dieu n'est, et n'est objectif que parce que notre sujet l'a ainsi voulu ;

c'est-à-dire, toute son existence est subjective, quand même quelquefois il prend une image (*Vorstellung*) objective. — Dieu est la loi morale en nous, et cette loi, limitée par le mauvais principe, se trouve modifiée par chacune des trois évolutions morales qui se passent dans notre intérieur. La trinité n'est donc autre chose que l'idéal du bon mouvement; elle n'existerait pas sans le mauvais principe en nous; elle est le résultat de la lutte qui trouve son expression dans l'antinomie de la religion et de la morale. L'idée de Dieu est subjective; elle subit la même antinomie que notre sujet, elle n'est point absolue et ne peut rendre la loi morale absolue. — La trinité que nous venons de déduire, représente donc la révolution comme s'accomplissant; elle contient encore l'antinomie occasionnée par le mauvais principe.

Mais voici venir une nouvelle déduction, d'après laquelle, suivant l'expression formelle de Kant, la trinité est l'image du bien moral *accompli*, — ainsi donc, l'image de la loi morale réalisée par nous. — Le but le plus élevé de l'homme, dit Kant, c'est l'*amour de la loi*, ou bien, pour être plus kantien que lui, l'harmonie avec la loi, c'est-à-dire la réalisation de la loi. Conformément à cette idée, la religion peut enseigner que « Dieu est amour. » D'abord le *Père* aime de l'amour moral (*Wohlgefallen*) l'humanité, qui est adéquate à sa sainte loi. Le Fils représente le Père *in seiner Alles erhaltenden Idee der von ihm selbst gezeugten und geliebten Menschheit, dem Urbilde der Menschheit* [c'est l'idéal réalisé]. Enfin, le Saint-Esprit est l'union des deux précédents; il exprime la condition de cet amour du Père pour le Fils (et l'humanité), c'est-à-dire la réalisation du bien : *durch ihn wird das Bedingte mit der Bedingung vereinigt; er kann also als « von beiden ausgehend » vorgestellt werden* (p. 206, *sq.*).

Ainsi, lorsque nous aurons atteint la sainteté, que nous aurons réalisé la loi morale (au moyen de la république éthique), l'humanité sera unie à son idéal, le Fils de Dieu, qui est un avec son Père; le dualisme se sera changé en unité, et n'existera plus que par *souvenir*; la trinité proviendra de ce que, lorsque le bien sera rétabli, on se rappellera qu'autrefois il y avait une lutte, une séparation[1]. Ce but, d'être uni avec Dieu, est bien beau ; mais, au moment même où Kant nous le peint, il déclare que nous ne pouvons jamais l'atteindre (*ein nie völlig erreichbares Ziel*). — Ainsi la loi morale n'existe pas dans une réalisation absolue, c'est-à-dire Dieu n'*est* pas ; il *doit* seulement *devenir*. — Nous pouvons donc nous associer complétement au jugement que Baur, de Tübingen, porte sur ce dogme de Kant : *Es ist der Process des moralischen Bewusstseins, welchen die Begriffe der Trinitätsidee zu ihrem Inhalt haben ; da aber das Ziel dieses Processes nur das in dem einzelnen Menschen nie vollständig sich realisirende Ideal der sittlichen Vollkommenheit ist, somit dieser Process selbst nur ein unendlicher ist, so drücken alle jene Momente nur ein* Sollen *aus.... Gott selbst ist nur ein Sollen, oder ein Ideal, und nur sofern das Ideal in unendlicher Ferne als Einheit setzt, was in der Wirklichkeit nie sich verwirklicht und zur Gegenwart des Seins wird, schliesset das Sollen auch ein Sein in sich.... Gott ist nicht das unendliche* Sein*, sondern nur das unendliche* Sollen *des absoluten Sittengesetzes, das nur in einem unendlichen Process sich realisirende Ideal der sittlichen Vollkommenheit* (*Dreieinigkeit*, III, p. 771, sq.).

Le résultat de nos recherches n'est donc pas très-satisfaisant : nous avions vu que l'homme ne peut arriver au bien qu'en réalisant une société éthique ; nous nous étions ensuite convaincus que l'idée, la notion de cette société éthique n'est possible que par l'idée d'un Dieu gouverneur moral du monde ; — or, comme nous venons de prouver que cette dernière idée n'a pas de réalité véritable, il faudra en conclure que l'idée d'une société éthique est impossible. — Récapitulons : L'antagonisme, la lutte du bon et du mauvais principe en nous est la source de cette théorie ; le résultat de la lutte *doit* être la réalisation de l'état éthique, c'est-à-dire de la loi morale. Mais nous ne pouvons arriver à ce but par nous-mêmes ; s'il faut donc en *postuler* la réalisation par Dieu, et ce postulat se nomme la religion. L'antagonisme, l'antinomie recommence :

---

1 Au fond, ici même la trinité n'est autre chose que l'expression de la lutte, seulement que celle-ci est envisagée comme *passée*.

le *bon* principe veut que ce soit nous qui réalisions le bien, et pourtant à cause du *mauvais* principe il faut que ce soit Dieu. Ici encore, ce n'est que par postulat que Kant sait résoudre l'antinomie. Mais, qui lui permet de postuler ? La loi morale absolue. Et d'où la loi morale a-t-elle cette valeur absolue ? De son postulat. Oui « de son postulat ; » et c'est dans ce cercle, qui ne nous permet pas de sortir de la subjectivité, que Kant tourne continuellement. — L'impossibilité d'arriver à l'objectif, de réaliser le bien, la société éthique, voilà ce qui ressort clairement de notre critique. — Le paragraphe suivant va nous montrer le sort de cette société éthique dans le monde réel, lorsqu'elle veut se réaliser. Nous savons d'avance qu'elle n'arrivera pas à l'absolu.

§. 14.

Suite. — *L'église, forme historique du royaume de Dieu.*

La société éthique, dit Kant, ne pouvant être réalisée que par Dieu, on peut l'appeler une *Église.* En tant qu'*idéal* de ce que nous devons accomplir, en tant que *problème* de la raison pratique, l'Église est *invisible.* L'*Église visible* est la réunion réelle des hommes en un corps qui est en harmonie avec cet idéal, c'est-à-dire, c'est la réalisation (sensible et réelle) de la société éthique. Cependant, comme cette réalisation complète n'est jamais possible, on peut baisser ses prétentions, et dire que la *véritable Église visible* est celle qui réalise cet idéal, autant que cela peut se faire par des hommes. Les caractères que doit avoir cette Église sont au nombre de quatre, d'après les quatre catégories :

1.° L'*universalité*, et par suite l'*unité* numérique : elle doit avoir le germe de cette unité, quand même, pour des questions secondaires, ses membres ne seraient pas d'accord.

2.° La *pureté* : *die Vereinigung unter keinen andern als moralischen Triebfedern.*

3.° Ses rapports sont ceux de la *liberté ;* ses membres doivent être libres les uns vis-à-vis des autres, et l'Église indépendante de l'État.

4.° Sa modalité consiste dans l'*immutabilité* de son principe ; ce principe doit amener lui-même tous les changements nécessaires dans l'administration.

La constitution d'une pareille Église ne doit être ni monarchique, ni aristocratique, ni démocratique ; elle est une famille, dont le père invisible gouverne par son fils (p. 134, *sqq.*).

Malheureusement, cette *véritable Église visible* n'est elle-même qu'un idéal, que nous ne rencontrons pas dans le monde sensible. Les hommes sont si faibles, la foi rationnelle pure a si peu de prise sur eux, qu'il leur faut absolument une foi sensible, historique. Ne pouvant croire que Dieu ne demande à l'homme qu'une conduite vraiment morale, ils s'imaginent qu'il faut encore honorer Dieu par un culte tout particulier : *Weil ein jeder grosser Herr der Welt ein besonderes Bedürfniss hat, von seinen Unterthanen* geehrt *und durch Unterwürfigkeitsbezeigungen* gepriesen *zu werden, so behandelt man die Pflicht, sofern sie zugleich göttliches Gebot ist, als Betreibung einer* Angelegenheit *Gottes, nicht des Menschen, und so entspringt der Begriff einer* gottesdienstlichen, *statt des Begriffs einer reinen* moralischen *Religion.*

C'est qu'en effet il y a deux sortes de religion. La religion consiste à regarder nos devoirs comme ordonnés par Dieu (*die Religion besteht darin, dass wir Gott für alle unsere Pflichten als den allgemein zu verehrenden Gesetzgeber ansehen*). Or, on peut considérer Dieu comme donnant deux sortes de commandements : ou bien des lois *purement morales* [c'est la religion rationnelle, qui sanctionne la raison pratique], ou bien des ordres extérieurs, arbitraires, que Kant nomme des *statuts* (*statutarische Gesetze*). Ces derniers commandements ne peuvent être connus que par une *révélation*, et ils reposent ainsi sur un fait *historique, contingent.* On comprend donc qu'il ne peut y avoir qu'une seule religion rationnelle, tandis que les formes de croyances ecclésiastiques (*Kirchenglaube*) varient à l'infini : *Es gibt nur Eine* Religion, *aber es kann vielerlei Arten des* Glaubens *geben* (p. 137, *sqq.*).

La question qui se présente tout naturellement ici, c'est de savoir si les statuts sur lesquels reposent ces formes ecclésiastiques viennent vraiment de Dieu, par révélation; ou bien si ce sont des essais que tentèrent les hommes, avec plus ou moins de bonheur, pour réaliser la société éthique idéale. Voici la réponse de Kant : *Es ist* Vermessenheit *sie [diese Gesetze] für göttliche auszugeben; es würde aber eben sowohl* Eigendünkel *sein, schlechtweg zu läugnen, dass die Art, wie eine Kirche angeordnet ist, nicht vielleicht auch eine besondere göttliche Anordnung sein könne.* Pour bien comprendre ce prudent verdict, il faut que nous connaissions la critique de la notion de *révélation*, ou de la notion plus générale de *miracle*, c'est-à-dire, de fait surnaturel. Kant ne la donne nulle part systématiquement; nous irons la chercher dans les écrits de ses disciples, qui suivent ici très-sévèrement ses principes. [1]

Le miracle est, en général, un fait dont la cause est transcendante: *Ein Wunder ist eine durch keine Erscheinung (sinnlich natürliche Begebenheit), sondern durch eine nichtsinnliche (übernatürliche, übersinnlich natürliche) Ursache (ein* Noumenon*) gewirkte Begebenheit* (Tieftrunk, *Censur, Ister Bd.,* 2te *Ausg.*, 1796, p. 250 *sq.*). Il est assez curieux de voir que la notion du miracle est tout à fait la même que celle d'un acte libre; Tieftrunk le reconnaît, et il avoue que les effets de la liberté sont des miracles (p. 266). Pour être bien exact, il faudrait donc dire que le *noumenon*, qui est la causalité, ne doit pas être notre propre *moi*, lorsqu'il s'agit de miracles dans le sens théologique du mot. — Mais passons à l'examen de la possibilité de cette notion. D'abord elle a une possibilité *logique*, puisqu'elle ne contient aucune contradiction (p. 247-263). Quant à la possibilité métaphysique, *transcendante*, objective, nous n'en pouvons parler, puisque nos facultés théoriques ne peuvent sortir de leurs limites et décider si un objet qui est sans rapports avec elles, existe (p. 248, *sq.*, 258, 265). Il ne reste donc plus, sous le point de vue théorique,

---

1 L'ouvrage capital sur ce sujet est celui de Fichte : *Critik aller Offenbarung*. Cet écrit est tellement kantien, qu'ayant paru sans nom d'auteur, on l'attribua généralement au maître. — Dans mon exposé je suis Tieftrunk, parce qu'il ne donne qu'un simple *résumé* de la théorie de Fichte, et un résumé aussi fidèle que j'eusse pu le faire moi-même.

qu'à examiner la possibilité empirique physique : *die reelle (physische) Möglichkeit ist dahin zu bestimmen, dass sie den Formen und materiellen Bedingungen der Erfahrung, folglich den Naturgesetzen gemäss geschehen müssen. Die* Wirkung *der wunderthätigen Kraft muss wahrgenommen werden können. Das* wirkende übersinnliche *Wesen wird sich also wie eine wirkende* sinnliche *Ursache verhalten und ein Factum hervorbringen müssen, welches den Charakter einer sinnlichen Erscheinung an sich trägt. Daher wird es weder die Naturgesetze aufheben noch verwirren, sondern es wird sich der Natur, ihrer Form und Materie bedienen müssen* (p. 263). *Für uns wird also die Begebenheit gerade das Ansehen haben, als wenn sie durch eine sinnliche Ursache gewirkt wäre* (p. 261). — Ainsi en définitive, le miracle est possible, mais nous ne pouvons jamais le reconnaître dans la réalité.... *Die* Realität *eines Wunders lässt sich auf keine demonstrative Art weder darthun, noch widerlegen* (p. 277). — Et comment en serait-il autrement, puisque ce qui donne à un fait sensible la valeur d'un miracle, c'est précisément sa causalité transcendante? Un miracle devra toujours nous paraître, et devra toujours être le produit des lois naturelles et sensibles. Comme *phænomenon* il ne se distingue en rien des autres phénomènes : il en est donc du miracle tout à fait comme de l'acte libre.

Cependant il reste encore un point de vue sous lequel on doit examiner le miracle : est-il *moralement,* éthiquement possible? *Ein Gegenstand ist ethisch möglich, wenn er den Gesetzen der Sittlichkeit nicht widerspricht* (p. 250).... *Wir dürfen also nur fragen, ob die Wunder die Moralität zerstören? Dieses kann Niemand behaupten....* Mais il y a plus : *Gesetzt es könnte ein moralischer Zweck nicht durch den Naturlauf, sondern nur durch eine übernatürliche Einwirkung bewirkt werden; so würde ein Vernunftwesen die übernatürliche Einwirkung (das Wunder) wollen müssen, und das Wunder wäre nicht allein* moralisch möglich, *sondern sogar* moralisch nothwendig. — *Weiter können wir hier mit unserm Urtheile nicht gehen; wir können gar nicht angeben, wann die höchste Weisheit sich der Wunder als Mittel bedienen müsse, wie sie von ihr zu verrichten, oder ob sie überall durch die Hinlänglichkeit der blossen Natur entbehrlich sind* (p. 269, *sq.*). — Tout ce qu'on peut faire ici, c'est, si on le *veut* bien, de rendre les miracles vraisemblables. [1]

Appliquons maintenant cette critique de la notion générale à la notion particulière de *révélation*. Il va sans dire qu'une révélation est possible; mais elle ne peut se distinguer de la religion rationnelle que par sa source. En effet, soit pour la forme dans laquelle elle nous est donnée, soit pour son contenu, elle doit s'accommoder à notre raison. Ce contenu peut être de deux espèces : Dieu nous révèle, ou bien des vérités rationnelles, ou bien des faits, des connaissances sensibles. Dans le premier cas, ce sont nécessairement des vérités que la raison aurait *pu* découvrir,

---

[1] Kant lui-même préfère les déclarer *inutiles*, et il a raison, puisqu'ils ne peuvent influer sur l'impératif catégorique. *Cf.* en général *Religion*, etc., p. 107, *sqq.* — Du reste, toutes les fois que les miracles ou les faits soi-disant surnaturels n'ont aucun intérêt pratique, Kant les traite avec une assez grande irrévérence. Voici ce qu'il dit dans une critique très-humoristique des visions de Swedenborg : *Ich verdenke dem Leser keineswegs, wenn er, anstatt die Geisterseher für Halbbürger der andern Welt anzusehen, sie kurz und gut als Candidaten des Hospitals abfertigt, und sich dadurch alles weitern Nachforschens überhebt..... Da man es sonst nöthig fand, bisweilen einige derselben* [*Adepten des Geisterreichs*] *zu verbrennen, so wird es jetzt genug sein, sie zu purgiren.* — Suit une explication des visions tellement comique et triviale, que nous ne pouvons la citer (*Träume eines Geistersehers, erläutert durch Träume der Metaph.*, 1766. *Hartenstein's Ausgabe*, III, p. 82, *sq.*). Dans un autre endroit Kant traite tout simplement les visionnaires de *fous* (*Verrückte*), et il examine comment on peut les guérir. Ils ne voient, dit-il, que des chimères, et dans tout ce qui est obscur, ils aperçoivent ce qui occupe leur esprit : *wie jene Dame, durch ein Sehrohr, im Monde die Schatten zweier Verliebten sah, ihr Pfarrer aber zwei Kirchthürme* (*Vers. üb. die Krankh. des Kopfes,* 1764. *Hartenst. Ausg.,* X, p. 15). Cependant quelques années auparavant, Kant avait cru à la vérité des visions de Swedenborg (voy. sa lettre à Mlle Knobloch, 1758, X, p. 453, *sq.*); mais un examen plus approfondi lui prouva qu'il s'était trompé. *Der Verfasser bekennt mit einer gewissen Demüthigung, dass er so treuherzig war, der Wahrheit einiger Erzählungen von der erwähnten Art nachzuspüren. Er fand — — wie gemeiniglich, wo man nichts zu suchen hat — — er fand nichts* (*Träume,* etc., p. 48).

mais qu'elle n'avait pas encore trouvées; dans le second cas, il faut que le *fait* révélé soit en même temps conforme aux lois de notre intuition, aux lois physiques (Tieftr., 128, *sqq.*).

Quant à l'utilité d'une révélation, voici ce que Tieftrunk en dit: *Ihre Funktion besteht erstens in der Ankündigung solcher* Erkenntnisse, *welche zwar im Fortgange der Cultur gefunden sein würden, aber doch noch nicht gefunden sind; zweitens in der Ankündigung solcher* Begebenheiten (*gegenwärtigen und zukünftigen*), *welche zwar in den Context* möglicher *Erfahrung gehören, die aber für die Vernunft an sich* zufällig *sind, die folglich von ihr, da sie die Reihe der Zwischenursachen nicht ermessen kann, auch nicht abgesehen werden können. — Dahin gehöret nun alles an sich Zufällige und Empirische, als z. B., Vorherverkündigung zukünftiger Thatsachen, Aufstellung einer Person als eines himmlischen Gesandten, Verbindung gewisser Ideen mit seinen Thaten und Schicksalen zur Erläuterung und Versinnlichung derselben,* etc. (p. 139, *sq.*).

Ainsi donc la révélation ne nous donne en réalité rien de nouveau; car, même ces faits, qui ne peuvent être connus que par révélation, n'ont de valeur qu'en tant qu'ils introduisent des *idées* rationnelles que la raison aurait pu trouver. La révélation n'est utile que pour accélérer la marche de l'humanité; elle n'est nécessaire que lorsque l'humanité n'a plus de forces pour avancer, — cas dont Kant ne peut guère admettre la possibilité sans tomber dans une inconséquence. Le seul critérium (positif et théorique) de la révélation est donc historique; il faut rechercher si, au moment où apparaît pour la première fois une grande vérité religieuse, l'humanité ne pouvait pas la découvrir par ses propres forces. On conçoit qu'une pareille recherche est en réalité impossible, et qu'encore ici il n'y a aucune raison de se déclarer pour ou contre la révélation. Quant aux *faits* révélés, nous avons vu qu'il faut qu'ils soient toujours en même temps naturels; il n'y a donc pas moyen de les distinguer des faits les plus vulgaires.

Il nous reste encore à examiner quelle attitude la raison doit prendre vis-à-vis des doctrines prétendues révélées. Comme elle ne peut les rejeter, elle les adopte, sauf à les soumettre à sa critique. Écoutons Tieftrunk :

Die Vernunft ist souverain. Sie hat zwar ihre Grenzen, aber sie ist es selbst, die sich ihre Grenzen setzt. So setzt sie sich auch im Gebiete der Religion ihre Grenzen, und huldigt gewissen Wahrheiten, ohne von ihnen eine objective Gewissheit zu haben. Aber sie weiss :

1) Dass und warum sie von solchen Sätzen keine objective Einsicht haben kann;

2) Dass sie keinen Widerspruch in sich selbst haben;

3) Dass sie wesentliche Sätze der Religion sind (Tieftr. *l. c.*, p. 231).

Il va sans dire que, lorsque les dogmes révélés ne remplissent pas ces deux conditions, la raison a le droit de les rejeter. — Cette théorie, on ne saurait le nier, n'est guère plus respectueuse que le *scepticisme* soi-disant *respectueux* de Rousseau.

Mais retournons à Kant lui-même, et voyons comment il applique ces principes aux rapports de la *religion rationnelle* avec la *croyance ecclésiastique*. La religion rationnelle seule suffirait, puisqu'elle seule a une valeur absolue. Mais malheureusement les hommes, dans leur faiblesse, ne veulent pas se passer des béquilles de la religion historique. D'ailleurs il est clair qu'ils ont dû commencer par une religion arbitraire (*statutarisch*), c'est-à-dire, par une forme très-imparfaite, lorsqu'ils ont essayé de réaliser la société éthique. *Der Kirchenglaube geht in der Bearbeitung der Menschen zu einem ethischen gemeinen Wesen natürlicher Weise vor dem reinen Religionsglauben vorher, und* Tempel *waren eher als* Kirchen, Priester *eher als* Geistliche (*Religion*, etc., p. 143, sq.). Si nous examinons pourquoi la religion rationnelle est supérieure à la religion historique, nous verrons que c'est parce qu'elle seule répond au caractère *d'universalité* que doit avoir la véritable Église. En effet, pour qu'un principe puisse devenir universel, il faut qu'il soit fondé *nécessairement* en nous; la religion rationnelle, qui repose entièrement sur la raison, a ce caractère, tandis qu'il en est tout autrement de la religion historique. *Der historische Glaube (der auf Offenbarung, also auf Erfahrung, ge-*

*gründet ist) hat nur particuläre Gültigkeit, für die nämlich, an welche
die Geschichte gelangt ist, worauf er beruht, — und enthält, wie alle
Erfahrungserkenntniss, nicht das Bewusstsein, dass der geglaubte Gegenstand so und nicht anders sein müsse, sondern nur dass er so sei,
in sich; mithin enthält er zugleich das Bewusstsein seiner Zufälligkeit*
(p. 157, *sq.*).

Cependant on pourrait vouloir fonder la valeur absolue de la religion
historique sur l'antinomie, que nous avons rencontrée dans le concours
de Dieu et de l'homme pour la réalisation du bien. Il faut, en effet,
que la véritable foi (*der seligmachende Glaube*) remplisse les deux
conditions, sans lesquelles l'homme ne saurait espérer son salut :
1.° l'homme doit avoir l'assurance que ses péchés passés lui sont par-
donnés, et il ne saurait y arriver de lui-même; 2.° il doit commencer
une vie nouvelle et accomplir la loi morale. Ces deux conditions sont
inséparables et ne forment qu'*une foi;* or, la nécessité de cette union
ne peut être comprise, que si l'un de ces deux articles de foi produit
l'autre. Mais c'est précisément ici que se présente l'antinomie. En effet,
pour pouvoir croire que Dieu nous pardonne nos péchés, il faut nous
savoir dignes de ce pardon, il faut que nous ayons commencé (de
nous-mêmes) une nouvelle vie d'après la religion rationnelle. Mais pour
pouvoir commencer cette nouvelle vie, il faut que nous sachions que
Dieu nous a pardonné nos transgressions et qu'il nous accorde une
force nouvelle pour changer de vie, c'est-à-dire, il faut une révélation,
une religion historique. [1]

---

1 J'ai peine à comprendre comment Baur, celui des théologiens actuels qui connait
le mieux Kant, peut dire que Krug (en 1802!) est le premier qui ait reconnu cette
antinomie, et que par conséquent il dépassa Kant : *Von einer diese* [*Satisfactions-*]
Lehre betreffenden Antinomie der prakt. Vernunft ist bei Kant selbst nirgends die Rede
(*Versöhnungslehre,* p. 589, *sqq.*). — Tout ce que l'on peut accorder à Baur, c'est que
dans le chapitre qui traite *ex professo* de la satisfaction, Kant n'en parle pas en effet.
Mais d'abord elle est la base, très-clairement indiquée, de toute sa théorie de la société
éthique; ensuite elle est traitée au long à l'article des mystères (p. 136, *sq.* de ce

Que faire en face de ces arguments contradictoires? Peut-être faudra-t-il nous décider pour la révélation et accorder à la religion historique une valeur absolue. — Mais voyons d'abord qui doit juger ce différent? Comme la raison théorique ne peut aller trouver la solution de cette antinomie dans les profondeurs de notre *noumenon*, il faudra prendre la raison pratique pour arbitre. Or, la raison pratique nous ordonne de faire avant tout ce qui est en notre pouvoir, c'est-à-dire, de commencer une vie nouvelle; elle décide donc en faveur de la religion rationnelle. — On reprochera peut-être à cette solution de provenir d'une incrédulité naturaliste. On lui opposera en tout cas qu'elle tranche le nœud au moyen d'une maxime pratique, au lieu de le dénouer théoriquement; Kant répond à ce second reproche, que c'est bien permis dans les questions religieuses. — Cependant il propose une solution théorique, qui part de nouveau de «l'image» de la loi morale, de l'idéal, du Fils de Dieu : Dans la religion rationnelle, c'est le Fils de Dieu (la loi morale) qui est non-seulement la règle (*Richtschnur*), mais aussi le mobile de notre changement de conduite morale; je trouve donc en lui l'*ordre* de changer et la *force* de changer. Ainsi par la foi vivante en lui j'ai la sanctification et la justification (*Satisfaction*), et l'antinomie se trouve résolue en lui. — Sans doute, il en peut être de même dans la religion historique; si le Fils de Dieu se trouve représenté par un fait sensible, empirique, la foi en lui résout également l'antinomie. Mais ce n'est pas la foi en lui en tant que fait sensible, c'est en tant qu'idée morale, pratique : ce n'est pas la foi historique, c'est la foi rationnelle qui dans la religion historique me sauve. Si l'on ne s'en tenait qu'à la foi historique, on ne serait nullement débarrassé de l'antinomie des deux principes antagonistes, ainsi que le prouve l'histoire de toutes les formes de

---

travail), et enfin, elle est exposée ici, presque dans les mêmes termes que le fait Krug, qui n'a donc certainement pas l'honneur de l'avoir découverte, mais seulement celui d'avoir copié Kant. La solution de Krug ne vaut du reste pas celle du maître : elle consiste à dire que nous devons travailler à notre salut et tout espérer de Dieu.... C'est bien populaire!

religion, où les expiations extérieures étaient toujours en contradiction avec la conscience morale de l'homme. La foi historique n'a de valeur qu'en tant qu'elle contient la religion rationnelle ; les faits historiques, sensibles, ne sont que des béquilles, des *véhicules*, comme dit Kant. Il faut que la religion historique absorbe toute la religion rationnelle pour obtenir une véritable substance; il faut qu'elle quitte son enveloppe grossière, qui n'est bonne que pour un temps. Il arrivera ainsi que toutes les croyances historiques viendront perdre leurs différences dans la grande unité de la seule religion nécessaire, absolue, la religion rationnelle [1]. *Es ist also eine nothwendige Folge der physischen und zugleich der moralischen Anlage in uns, dass die Religion endlich von allen empirischen Bestimmungs-Gründen, von allen Statuten, welche auf Geschichte beruhen, und die vermittelst eines Kirchenglaubens provisorisch die Menschen zur Beförderung des Guten vereinigen, allmählig losgemacht, und so reine Vernunftreligion zuletzt über alle herrsche, damit Gott sei Alles in Allem*, etc. (p. 157-171). [2]

Il est du devoir de chaque homme de hâter ce moment, qui sera la venue du royaume de Dieu; nous devons travailler de toutes nos forces à opérer cette transformation. Puisque nous nous trouvons malgré nous dans des Églises très-imparfaites, nous devons tâcher de faire entrer dans ces formes inadéquates autant de religion rationnelle que nous le pourrons; nous devons nous servir des formes sensibles, historiques, empiriques, comme de *véhicules* pour faire accepter la vérité pure. La seule voie possible pour faire perdre leur importance à ces éléments accidentels de la religion, c'est de ne les considérer que comme de simples moyens.

On doit désirer pour cela que la croyance historique à laquelle on appartient (extérieurement) repose sur des bases inaltérables et com-

---

1 A proprement parler, il en est déjà ainsi en partie, puisqu'une croyance historique contient toujours au moins quelques-unes des vérités de la religion rationnelle. *In den mancherlei sich, der Verschiedenheit ihrer Glaubensarten wegen, von einander absondernden Kirchen, kann dennoch eine und dieselbe wahre Religion anzutreffen sein* (p. 146).

2 Kant est vraiment éloquent lorsqu'il parle de ce sujet (*cf.* p. 170).

mande le respect. Un *livre saint* (*heilige Schrift*) vaut mieux que la tradition; il jouit d'une plus grande autorité, surtout auprès de ceux qui ne le lisent pas, et l'on peut abattre tous leurs doutes par le mot magique «il est écrit!» *Glücklich! wenn ein solches den Menschen zu Händen gekommenes Buch, neben seinen Statuten als Glaubensgesetzen, zugleich die reinste moralische Religionslehre mit Vollständigkeit enthält, die zugleich mit jenen (als Vehikeln ihrer Introduction) in die beste Harmonie gebracht werden können, — in welchem Falle es, sowohl des dadurch zu erreichenden Zweckes halber, als wegen der Schwierigkeit, sich den Ursprung einer solchen durch sie vorgegangenen Erleuchtung des Menschengeschlechts nach natürlichen Gesetzen begreiflich zu machen, das Ansehen,* gleich einer Offenbarung, *behaupten kann* (p. 144, sqq.).[1]

Nous devons profiter de ce livre saint et l'expliquer (ainsi que toute la croyance historique), d'après les principes de la religion rationnelle, — ce qui se fait par une *exégèse pratique* [au sens kantien du mot]. Voici comment Kant la définit : *Durchgängige Deutung der Offenbarung* [= croyance historique] *zu einem Sinn, der mit den allgemeinen praktischen Regeln einer reinen Vernunftreligion zusammenstimmt. Denn das Theoretische des Kirchenglaubens kann uns moralisch nicht interessiren, wenn es nicht zur Erfüllung aller Menschenpflichten als göttlicher Gebote (was das Wesentliche aller Religion ausmacht), hinwirkt. Diese Auslegung mag uns selbst in Ansehung des Texts der Offenbarung oft gezwungen scheinen, oft es auch wirklich sein* (!), *und doch muss sie, wenn es nur möglich ist, dass dieser sie annimmt, einer solchen buchstäblichen vorgezogen werden, die entweder schlechterdings nichts für die Moralität in sich enthält, oder den Triebfedern dieser wohl gar entgegenwirkt.* — Du

---

1 Kant ajoute qu'il se sert de cette expression „ *glücklich!* " pour indiquer que les hommes n'y peuvent rien, et qu'on ne peut l'attribuer qu'à la bonté de la Providence. (*eine gütige Vorsehung*).

reste, ce n'est pas un procédé nouveau; les philosophes grecs et romains; les Juifs, les commentateurs des Védas, les Mahométans, ont tous fait de même; pourquoi nous autres chrétiens ne le ferions-nous pas aussi? demande Kant. — Puis il poursuit son exposé: *Dass es sich aber thun lässt, ohne eben immer wider den buchstäblichen Sinn des Volksglaubens sehr* (!) *zu verstossen, kommt daher : weil lange vor diesem letztern die Anlage zur moralischen Religion in der menschlichen Vernunft verborgen lag, wovon zwar die ersten rohen Aeusserungen bloss auf gottesdienstlichen Gebrauch ausgingen, und zu diesem Behuf selbst jene angeblichen Offenbarungen veranlassten, hierdurch aber auch etwas von dem Charakter ihres übersinnlichen Ursprungs selbst in diese Dichtungen, obzwar* **unvorsätzlich,** *gelegt haben.* — Après cette dernière déclaration, on ne conçoit presque pas comment Kant ne veut pas avouer que le sens moral diffère de la religion historique; il faut se rappeler dans quelle intention *pratique* il formulait son système, pour ne pas être stupéfait de tant d'aveuglement. Il va jusqu'à dire qu'on ne peut pas accuser cette exégèse de déloyauté, pourvu qu'elle laisse indécis si les auteurs des livres sacrés ont voulu dire ce qu'elle leur fait dire: Enfin, il faut bien que le sens moral soit le véritable, puisque toute l'Écriture est divinement inspirée, et utile pour enseigner, pour convaincre, pour corriger, et pour instruire selon la justice (2 Tim. III, 16).

A côté de l'exégète moral, Kant veut cependant qu'il y ait aussi un exégète savant (*Schriftgelehrte*), puisque, après tout, les livres sacrés sont des monuments historiques, qui ne peuvent être compris qu'au moyen d'une érudition critique et historique. Mais voici quelle part il fait à chacun de ces deux exégètes dans le résumé de sa théorie : *Es giebt keine Norm des Kirchenglaubens als die Schrift* [pour les chrétiens sans doute], *und keinen andern Ausleger desselben als reine* Vernunft-religion *und* Schriftgelehrsamkeit (*welche das Historische angeht*), *von welcher der Erstere allein* authentisch, *und für alle Welt gültig, der Zweite aber nur* doctrinal *ist, um den Kirchenglauben für ein gewisses Volk, zu einer gewissen Zeit, in ein bestimmtes sich beständig erhal-*

tendes System zu verwenden (p. 149-157). Cette exégèse étant le meilleur moyen de faire avancer le royaume de Dieu, est un devoir, et personne n'a le droit de l'interdire. *Diese Grundsätze nicht zu hindern ist Regentenpflicht;* et vouloir les arrêter, c'est s'opposer à la venue du règne de Dieu (p. 190, *sq.*).

Mais la société éthique se réalisera-t-elle ainsi vraiment et complétement?. Sans doute les vrais principes, une fois proclamés, se répandent rapidement, mais pourtant l'expérience semble prouver que l'humanité n'arivera jamais à ce but (p. 171, *sqq.*). — Pour nous, nous croyons que Kant pourrait ajouter que les principes même de sa philosophie ne peuvent pas permettre que l'absolu se réalise dans la société éthique. — Quoi qu'il en soit, Kant baisse encore une fois ses prétentions : *Wenn gleich (der unvermeidlichen Einschränkung der menschlichen Vernunft gemäss) ein historischer Glaube als Leitmittel die reine Religion afficirt, doch mit dem Bewusstsein, dass er blos ein solcher sei, und dieser Kirchenglaube ein Princip bei sich führe, dem reinen Religionsglauben sich continuirlich zu nähern, um jenes Leitmittel endlich entbehren zu können, so kann eine solche Kirche immer die* wahre *heissen; da aber über historische Glaubenslehren der Streit nie vermieden werden kann, nur die* streitende *Kirche genannt werden; doch mit der Aussicht, endlich in die unveränderliche und alles vereinigende, triumphirende auszuschlagen !* (p. 158).

Avant de passer à la critique du contenu de ce paragraphe, ajoutons encore quelques mots sur le sort de l'*interprétation morale.* Lorsque Kant voulut l'introduire dans le monde théologique, la méthode historique s'était déjà emparée de tous les esprits, et régnait partout, avec plus ou moins de pureté, plus ou moins de mélanges et de préjugés dogmatiques. Le principe de Kant, qui est diamétralement opposé à l'histoire, ne trouva donc pas grand accueil de la part des Kantiens eux-mêmes. Les exégètes les plus adonnés à la théorie de l'accommodation, allaient même jusqu'à soutenir qu'il était *immoral* de s'accommoder aux livres sacrés, ainsi que Kant le voulait. — Le nombre des

adhérents du philosophe sur ce point fut très-petit, et ils se divisèrent
entre eux sur la valeur que l'on devait accorder au sens littéral historique. Kant lui-même paraissait vouloir ne rien décider sur ce sens, et
plus d'une fois lorsqu'il donne occasionnellement l'exégèse morale d'un
passage, il se hâte d'ajouter qu'il ne prétend pas que ce soit là le sens
que l'auteur ait voulu exprimer. Ainsi, par exemple, lorsqu'il retrouve
dans le récit de la Genèse toute sa théorie du mal radical, il ajoute :
*Man kann sich über die Art erklären, wie man sich einen historischen
Vortrag moralisch zu Nutze macht, ohne darüber zu entscheiden, ob
das auch der Sinn des Schriftstellers sei, oder wir ihn nur hineinlegen.
Man muss nicht ohne Noth über etwas, und das historische Ansehen
desselben streiten. Die historische Erkenntniss gehört unter die Adia-
phora...* (p. 43 sq., note). Comme les questions d'herméneutique se
décident communément par la pratique, et non par la théorie, l'interprétation morale aurait pu peut-être s'introduire dans la science, si on
l'avait vu porter de bons fruits; mais les spécimens qu'en donnèrent les
disciples de Kant étaient d'un si détestable mauvais goût, qu'il n'y avait
pas moyen de se laisser séduire par eux. Nous n'en citerons qu'un
exemple, dans lequel les formules sont empruntées à Fichte, mais les
idées, et surtout l'interprétation sont kantiennes. Voici comment un certain M. Schaumann explique le commencement de l'oraison dominicale,
d'après les quatre catégories :

Das Moralgesetz selbst lautet in der Formel der Qualität so :
Menschen-Ich! das Urbild deines Lebens (*welchem du in deinem Leben
Realität zu geben streben sollst*) sei das reine Ich, *oder, wie es in
dem Mustergebete der Christen heisst :* Gott, unser Vater, du bist im
Himmel!

*Das Moralgesetz selbst kann in der Formel der Quantität so aus-
gedrückt werden :* Menschen-Ich, das Gesetz des reinen Ich, sei dir Eines
in Allem (dein Wille, Gott, geschehe so auf Erden wie im Himmel!).

Die Formel der Relation für das Moralgesetz ist : Menschen-Ich,
du sollst nicht Nicht-Ich sein, ... (Gott, dein Name sei heilig!).

Die Formel der Modalität für das Moralgesetz ist : Menschen-Ich', du sollst das Nicht-Ich dem reinen Ich entgegensetzen (Gott, dein Reich komme!).[1]

Ces essais d'exégèse pratique sont tellement ridicules et absurdes que l'on a peine à concevoir comment des hommes sensés pouvaient s'y arrêter sérieusement. — Cependant il est clair que cette herméneutique est une conséquence inévitable de la position qu'a prise le système tout entier vis-à-vis de la religion historique, et cette position est un fruit du dualisme, qui est l'élément du Kantianisme. Il n'existe que deux principes, deux sources d'existence, savoir le bien et le mal; or, comme le bien, la loi morale, conduit à la religion rationnelle, il ne reste pas d'alternative, il faut que la religion historique, qui diffère de la religion rationnelle, vienne du *mauvais* principe. — Certes, cette conséquence est dure, et Kant ne l'a pas exprimée ainsi; il ne se l'est jamais avouée franchement; il préfère ne rien dire sur l'origine de la religion historique, et

---

1 Flügge, *Versuch einer historisch-kritischen Darlegung des Einflusses der kantischen Philosophie auf die Theologie*; 1796, p. 349 *sq.* (*Cf.* sur toute l'exégèse pratique, *Ibid.*, p. 98-170).

Le nom de Kant était tellement révéré à cette époque (1796), qu'on n'osait mettre sur son compte de pareilles sottises. Le bon Flügge, qui condamne ces excès, versait certainement des larmes de joie en écrivant les comiques paroles que voici :

Ich wollte lieber vieles andere darum hingeben, ehe ich die Schriftstellen mit ihren Deutungen aus der kantischen Schrift streichen liesse. Es sind köstliche Œltropfen, gepresst aus den schönen Oliven von Jerusalems Bergen, die dem Ganzen eine heilige Salbung geben. Es sind reizende, süssduftende Blumen auf einem reichen Æhrenfelde, nicht durch Feindes Hand gesäet, sondern aufgeschossen durch die Güte und Fruchtbarkeit des Bodens; sie auszujäten wäre wahrlich Schade; wie mancher körnige Fruchthalm würde zugleich mit ausgerissen werden! etc. (p. 126).

Quoique Flügge rejette les principes de cette exégèse, il croit que si on les avait toujours suivis avec autant de bonheur que Kant, l'Église chrétienne serait dans un tout autre état (*wahrlich, es stünde ein gut Theil besser in der christlichen Welt*). Il trouve l'exemple de Kant tellement *séduisant* (*verführerisch*), qu'il craint qu'il ne s'élève trop de disciples et surtout d'inhabiles imitateurs, et que la science ne retombe ainsi dans la scholastique (*ibid.* p. 127).

laisser cette question indécise. — Mais puisque la religion rationnelle est un *fait accompli*, la loi morale veut que nous en profitions; elle nous fait faire un saut, et nous adoptons le *préjugé* (que nous savons être *préjugé*) que la foi historique contient au fond la religion naturelle.

On voit que ce système possède tout juste le contraire de ce qu'il faut pour comprendre l'histoire; il se dit d'avance qu'il ne veut pas voir les faits tels qu'ils sont, mais tels que la loi morale exige que nous les envisagions pour notre profit; il lui manque complétement, absolument ce que Strauss a nommé *die absolute Voraussetzungslosigkeit*.

Cependant il faut être juste; nous venons de voir comment le Kantianisme s'y prend lorsqu'il doit se servir du fait accompli comme d'un véhicule; voyons aussi ce qu'il pense de ce même fait lorsqu'il veut le juger, c'est-à-dire, lorsqu'il veut faire une histoire désintéressée. Ce côté de la question est très-important aussi, et il nous amène à dire quelques mots sur la méthode kantienne de traiter l'*histoire*, et surtout l'*histoire ecclésiastique*. — Le grand intérêt de l'humanité, et par conséquent de son histoire, c'est l'établissement du règne de Dieu. Cet établissement est une lutte contre le principe opposé. C'est donc de ce point de vue qu'il faut envisager toute l'histoire; il faut enregistrer ce qui a été fait *pour* et *contre* le bon principe. Mais comme ce sont les hommes, les individus qui luttent pour la restauration de la loi morale, cette lutte n'est point un progrès continu (*ein Process*); c'est un combat qui recommence à chaque instant, et il manque à l'histoire toute unité. *Die ganze Weltgeschichte ist ein* ewig wiederholter *Kampf der Herrschsucht* [mauvais principe] *und der Freiheit* [bon principe] *um ihr streitiges Gebiet*. Qu'il nous soit permis d'ajouter à ces paroles, que Schiller écrivait lorsqu'il était encore kantien (*Abfall der Niederlande*, 1787-88, *S. W. in Einem Bde.*, p. 796, 6), le jugement qu'on a porté sur sa propre manière d'écrire l'histoire, et qui, comme nous allons le voir, peut s'appliquer à tous les disciples de Kant : *Die kritische Philosophie scheint nicht günstig auf Schillers historisches Talent eingewirkt zu haben. Jene idealistische Weltansicht, welche sich zum Voraus in*

Gegensatz gegen die reale *Wirklichkeit bringt, die, ihrer Herkunft nach*
unvernünftig, erst durch den Menschen vernünftig gemacht werden
muss, kann für die Auffassung der Geschichte nicht günstig sein.
So fehlt denn bei Schiller das Bewusstsein jenes höhern Zusammen-
hangs *der Begebenheiten im Geiste* Gottes; *er weiss nichts von der*
Wirklichkeit der Idee in Personen und Zeitrichtungen; nur in einzelnen
Begebenheiten, *nicht im Ganzen, sieht er eine That «der grossen*
Natur.» — Die Geschichte ist ihm grösstentheils eine von Menschen
gemachte [de là l'intérêt dramatique]. [1]

Cette critique me paraît on ne peut plus juste, et sans m'arrêter à des
historiens, comme Rotteck, Woltmann (*Grundriss der neuern* Menschen-
geschichte), etc., je l'applique de suite à l'histoire ecclésiastique. Kant
lui-même s'est chargé de nous en esquisser un tableau. Comme nous
ne connaissons pas, dit-il, d'une manière bien positive le christianisme
primitif, nous ne pouvons porter de jugement exact sur les premiers chrétiens. *Seitdem aber gereicht die Geschichte desselben* [*des*
Christenthums], *was die wohlthätige Wirkung betrifft, die man von*
einer moralischen Religion mit Recht erwarten kann, ihm keineswegs
zur Empfehlung..... Diese Geschichte des Christenthums (welche,
sofern es auf einem Geschichtsglauben errichtet werden sollte, auch
nicht anders ausfallen konnte), *wenn man sie als ein Gemälde unter*
einem Blick fasst, könnte wohl den Ausruf rechtfertigen : tantum
religio potuit suadere malorum! — Cette théorie sur l'histoire de l'Église
est accompagnée d'une liste assez nombreuse de ces *mala* amenés par la
foi historique, par l'orthodoxie «brutale ;» nous n'en citerons qu'un :
c'est à «la voix terrible de l'orthodoxie, qui sortait de la bouche d'inter-
prètes orgueilleux de l'Écriture,» c'est à cette voix que la chrétienté se
leva pour les croisades, dans lesquelles Kant ne voit que *einen andern*
Welttheil entvölkernde auswärtige Kriege, etc. — Aussi, si l'on demande

---

1 Ce jugement se trouve dans G. Schwab, *Leben Schillers, Octav-Ausgabe,* p. 350,
sq. — Il l'a d'un ami, *welcher ganz in geschichtlichen Forschungen lebt.*

quelle est la meilleure époque de l'histoire ecclésiastique, on ne saurait hésiter. *C'est la nôtre !* s'écrie Kant, et cela à cause du peu d'attachement que l'on montre pour la religion historique ; car, de nos jours, tous les hommes sensés et moraux disent, d'un commun accord, qu'on ne doit s'en servir que comme d'un véhicule, sans en ébranler toutefois l'autorité plus qu'il ne le faut (*Relig.*, p. 185, *sqq.*). — Ainsi donc, pour un Kantien, les dix-huit premiers siècles de l'Église ont été pour ainsi dire perdus, puisque ce n'est qu'à la fin du dix-huitième qu'on a retrouvé le principe déposé par le Christ dans sa religion, — et il va sans dire que nous pouvons étendre ce jugement, et l'appliquer non-seulement à l'Église, mais à toute l'humanité.... Ce dédain vient, comme nous l'avons vu, de l'impossibilité de comprendre, par l'impératif catégorique, l'histoire, la réalité, c'est-à-dire la sensation. C'est toujours le dualisme ; la loi morale, ne pouvant parvenir à l'absolu à cause de la sensation, se venge de cette dernière en ne la comptant pas, en la dédaignant.

§. 15.

Suite. — *Le Christianisme.*

La véritable Église est celle qui porte en elle un germe qui, en se développant, puisse arriver à la religion rationnelle et universelle. Si nous consultons l'histoire, nous verrons qu'il n'y a que l'Église chrétienne qui possède ce caractère, et que par conséquent elle seule est la véritable Église. — Aussi, selon Kant, devons-nous protester contre l'opinion généralement répandue que le christianisme est sorti du judaïsme et n'en est qu'un développement. Rien n'est plus faux, car nous pouvons prouver que le judaïsme n'est point une Église, mais une institution politique, qui n'a pris une forme religieuse, que parce qu'elle avait pour centre la caste des prêtres. Nous avons, en effet, trois preuves de ce que nous avançons ; car *d'abord* tous les commandements de la loi juive sont des *statuts* (*statutarisch*), et quoique donnés par Dieu (suivant l'idée juive), ils sont toujours extérieurs, politiques, même lorsqu'ils contiennent des lois morales. *En second lieu*, toutes les récompenses et les punitions sont renfermées dans la sphère de ce monde et sont même souvent injustes (par exemple, lorsque les enfants sont punis pour leurs pères). Il n'est jamais fait mention de l'immortalité, et sans ce dogme il ne saurait y avoir de religion. D'ailleurs la foi à l'immortalité étant innée à l'âme de tout homme, il faut nécessairement que ce soit *à dessein* que le législateur (qui prétend être Dieu) s'est abstenu d'en parler, son but étant de fonder un état politique. *Enfin*, le judaïsme ne peut devenir une religion universelle, vu son exclusisme. — *Hiebei ist es auch nicht so hoch anzuschlagen, dass dieses Volk sich einen einigen, durch kein sichtbares Bild vorzustellenden Gott zum allgemeinen Weltherrscher setzte.* Son monothéisme *arbitraire* (*statutarisch*) ne valait pas un bon polythéisme *éthique* (p. 176, *sqq.*).

Ce n'est que lorsqu'au judaïsme se furent joints des éléments éthiques, lorsque ce peuple si ignorant se fut pénétré de la sagesse étrangère (grecque), — ce n'est qu'alors que le christianisme se montra tout à coup, quoique non sans préparation; le lien entre le judaïsme et le christianisme n'est donc qu'extérieur (p. 181).

Nous avons dit que l'Église chrétienne est la seule véritable Église. — On conçoit que Kant ne peut pas nous en donner des preuves démonstratives, puisqu'il s'agit d'un fait historique; il se contente de remonter à l'origine du christianisme et d'y faire voir la réalisation des caractères que doit avoir la véritable Église. — Un sage est venu annoncer le premier la religion rationnelle, comme condition absolue d'une foi religieuse; il y a joint quelques statuts qui contiennent les formes et les observances nécessaires pour édifier une Église sur les principes qu'il a enseignés. Quoique ses formes soient arbitraires, nous devons déclarer que cette religion, que cette Église peut devenir la religion universelle, qu'elle peut réunir tous les hommes, qu'elle est la véritable Église. Or cette religion, c'est le christianisme (p. 224, *sq.*).

Nous avons deux choses à examiner ici, le caractère du *fondateur* d'abord, puis la *religion* qu'il a enseignée. — *Der* Lehrer *des Evange-*

liums kündigte sich als einen vom Himmel gesandten, indem er zugleich, als einer solchen Sendung würdig, den Frohnglauben für an sich nichtig, den moralischen dagegen für den alleinseligmachenden erklärte, — nachdem er aber, durch Lehre und Leiden bis zum unverschuldeten und zugleich verdienstlichen Tode, an seiner Person ein dem Urbild der allein Gott wohlgefälligen Menschheit gemässes Beispiel gegeben hatte, als zum Himmel, aus dem er gekommen war, wieder zurückkehrend vorgestellt wird, indem er seinen letzten Willen (gleich als in einem Testamente) mündlich zurückliess, und was die Kraft der Erinnerung an sein Verdienst, Lehre und Beispiel betrifft, doch sagen konnte, «er (das Ideal der Gott wohlgefälligen Menschheit) bleibe nichtsdestoweniger bei seinen Lehrjüngern bis an der Welt Ende» (p. 181, sqq.)

Voilà ce que l'histoire nous enseigne ; voilà comment les disciples du Christ nous représentent sa vie. La première question à laquelle la critique philosophique doive répondre, est celle-ci : *Jésus-Christ était-il réellement le Fils de Dieu, c'est-à-dire, a-t-il réalisé l'idéal de l'humanité ?*

Remarquons d'abord qu'il n'est *pas nécessaire* que cet idéal soit une fois réalisé et qu'il existe dans l'expérience, car il a sa réalité dans la raison pratique (p. 70 *sq.*). Sans doute lorsque l'on veut se représenter l'origine de cette idée, il est plus facile de concevoir que Dieu l'ait mise en nous, que d'admettre que l'homme l'ait créée et l'ait tirée de son être coupable. On peut donc dire que le Fils de Dieu est descendu du ciel, et son séjour dans l'humanité peut être appelé son état d'inanition (p. 68 *sq.*); mais ce n'est qu'une image. — On ne doit pas confondre le besoin de se *représenter* l'idéal sous la forme d'un homme, avec la nécessité de *postuler* son caractère comme tel ; on ne doit pas passer du *schématisme* au *dogmatisme* (p. 75 *sq.*, note). — Ainsi, d'aucune manière on ne peut prouver la nécessité de l'existence d'un homme parfait.

Tout ce que l'on peut dire, — et nous l'avons déjà dit p. 127 de ce travail, — c'est que nous *devons* devenir comme le Fils de Dieu, et que par conséquent nous le *pouvons* : *Eben darum muss auch eine Erfah-rung möglich sein, in der das Beispiel von einem solchen Menschen gegeben werde; denn dem Gesetze nach sollte billig ein jeder Mensch ein Beispiel zu dieser Idee an sich abgeben.* Cependant il est impossible de savoir (positivement) si quelqu'un réalise cet idéal, car nous ne jugeons que par les actes extérieurs, qui peuvent être légaux, quand même l'intérieur est immoral. Il y a même plus; un homme ne saurait jamais être sûr d'être lui-même cette réalisation, car il ne connaît jamais à fond ses propres maximes (p. 72).[1]

En tout cas, si un homme parfait a existé, nous ne devons pas voir en lui un homme engendré surnaturellement. Sans doute, la raison théo-rique ne peut nier la possibilité d'un pareil miracle, mais la raison pra-tique a un intérêt à ce qu'il n'en soit pas ainsi. Car si vous élevez cet homme au-dessus de toutes les faiblesses humaines, si vous en faites un être impeccable, *il ne pourra plus servir d'exemple* aux hommes, puis-qu'il leur faut un homme qui ait lutté comme eux, et qui ait *acquis* sa vertu (p. 73, *sqq.*). — D'ailleurs, si vous ôtez cette nature surhumaine à votre homme parfait, vous ne lui nuirez point : *Eben derselbe göttlich gesinnte, aber ganz eigentlich menschliche Lehrer würde doch nichts-destoweniger von sich, als ob das Ideal des Guten in ihm leibhaftig (in Lehre und Wandel) dargestellt würde, mit Wahrheit reden können.*

Nous pouvons dire que Jésus a été parfait, car on ne saurait prouver le contraire, et il est juste, dans ce cas, d'attribuer les actes irréprochables d'un maître à l'état moral le plus pur (p. 77); mais si nous en faisons un homme parfait, il faut qu'il soit réellement homme; tous les miracles

---

1. Kant pouvait postuler la possibilité d'un homme parfait, puisque, comme nous *devons* réaliser la loi morale, il faut bien que nous le *puissions*; en raisonnant ainsi, il aurait supposé l'absoluité de la morale. Il pouvait aussi nier cette possibilité, puisque le mal radical ne sera jamais vaincu en nous. — Il est évident que cette seconde réponse à la question est seule en harmonie avec le dualisme du système et son carac-tère purement idéal.

qui peuvent l'entourer sont inutiles pour le fond, ils sont tout au plus
des véhicules; là seule chose importante, c'est son *exemple*, et pour
qu'il nous soit un exemple, il faut qu'il soit homme (p. 183 *sq.*).

Le véritable résultat de la critique kantienne, c'est donc que Christ
n'est que *homme*, et, *peut-être, homme parfait*. C'est, on le voit, le subjectivisme le plus conséquent. Sa venue ne peut nous être utile qu'à cause
de son *exemple*; la foi en Christ n'est donc qu'un véhicule, une image
du Fils de Dieu, du bon principe, c'est-à-dire, de la loi morale.

Cependant à côté de la simple vie humaine de Jésus on nous raconte encore des miracles qu'il a faits. Ces miracles, avons-nous dit,
ne sont entrés en jeu que comme véhicules pour attirer l'attention des
contemporains, et pour servir de témoignages et de preuves auprès
des hommes qui ne s'étaient pas encore élevés à la hauteur de la foi
rationnelle, mais qui avaient besoin d'une foi historique et sensible. Ces
miracles sont donc inutiles pour nous, voilà ce qu'il y a de certain. —
Mais on peut les traiter de deux manières; ou bien avec la modestie et
l'*atonie* [1] de la raison théorique on ne décide rien sur leur nature, et on
se contente d'en faire des symboles d'idées morales et pratiques; ou bien
aussi se fondant sur ce qu'ils sont inutiles pour nous et qu'ils sont même
nuisibles, puisqu'ils nous donnent une fausse idée de l'humanité de Jésus,
on les rejette en vertu de l'*autarchie* [2] de la raison pratique, on ne voit
en eux que des faits naturels, on les explique. — La même question se représente sous une autre face : la doctrine de Jésus-Christ provient-elle
d'une source naturelle ou surnaturelle?

La plupart des disciples de Kant ont rejeté complétement les miracles
de Jésus comme tels, et toute idée supranaturaliste du christianisme; le
maître, nous le savons, a été plus circonspect à cet égard. — Voici comment
il indique les rapports que l'on peut établir entre la religion rationnelle
(ou naturelle) et la religion historique, révélée, miraculeuse. On peut
regarder la foi historique comme absolument nécessaire, et l'on est alors

---

1 et 2 Expressions très-justes de Dorner.

SUPRANATURALISTE PUR. Celui qui, au contraire, ne considère que la religion rationnelle comme moralement (absolument) obligatoire et nécessaire, est RATIONALISTE : le rationaliste peut ou bien *nier* la réalité de la
révélation et des miracles (c'est ce que fait le *naturaliste*), ou bien laisser
cette question *indécise*; dans ce dernier cas il est *rationaliste pur* (*Rel.*,
p. 216, *sqq.*). Kant veut appartenir à cette dernière catégorie.

Après avoir ainsi traité du fondateur de la religion chrétienne sous le
point de vue de sa nature — surnaturelle ou purement humaine, de ses
actes — miraculeux ou naturels, de la source de ses connaissances religieuses — révélées ou simplement rationnelles, nous devrions passer au
contenu de sa doctrine. Kant ne l'expose nulle part, et nous n'y perdons
pas grand'chose; il ne nous aurait certainement donné que les postulats
de la religion pratique. Nous possédons par contre un essai très-original
et très-curieux de notre philosophe, de retrouver dans la *dogmatique
ecclésiastique* (et non dans l'enseignement de Jésus-Christ) des symboles
d'idées morales exposées dans la *philosophie de la religion.*

La Bible et la dogmatique nous représentent la lutte des deux principes
en nous sous la forme d'une *histoire* passée, présente et future. Les deux
principes sont devenus deux êtres surnaturels, deux princes, le Fils de
Dieu et le diable (dont l'origine est incompréhensible).

I. L'homme était placé entre les deux princes. D'abord il fut bon et
se trouva sous la domination du Fils de Dieu; mais bientôt il consentit
à devenir l'esclave du diable. — Pour rappeler (extérieurement) ses droits
inaliénables de premier propriétaire, le bon principe fonda la théocratie
(toute extérieure) du peuple juif. — Puis, lorsque le moment propice
pour une révolution fut arrivé, il apparut un homme envoyé de Dieu,
qui, tout en étant entièrement homme, n'était pas compris dans le pacte
que le Père des hommes fit avec le diable (*i. e.*, il était sans péché). Le
diable, voulant se le soumettre, le tenta; mais l'envoyé céleste, le Fils
incarné de Dieu, résista, et demeura libre. Le diable alors le persécuta et
le fit mettre à mort. — L'homme divin étant entré dans le royaume du
prince de ce monde pour y exciter une révolte, avait, *physiquement*

parlant, mérité la mort. Mais, d'un autre côté, *moralement* parlant, ce royaume étant un royaume de liberté, c'est-à-dire, personne ne pouvant être *forcé* d'y rester esclave, cette mort fut la délivrance du genre humain; elle était l'expression (*Darstellung*) du bon principe; elle rappelait aux hommes, par l'exemple de l'Envoyé de Dieu, leur liberté et les exhortait à en faire usage.

II. Dès lors tout homme qui veut suivre cet exemple peut sortir de l'esclavage du mauvais principe; il reconnaît pour maître le bon principe (manifesté dans son envoyé), et travaille à la réalisation de son règne. Mais la puissance du mauvais principe n'est point encore vaincue; elle est seulement brisée, en ce sens, que les hommes sont délivrés moralement de sa tyrannie, dès qu'ils le veulent. Mais comme il est toujours encore *prince de ce monde*, il fait la guerre aux révoltés, il essaie de les ramener sous sa domination par tous les tourments (physiques et moraux) qu'il leur suscite. — L'état actuel des enfants de Dieu est donc celui d'une lutte perpétuelle; l'Église est *militante* (*Relig.*, p. 99-105).

III. Mais le Fils de Dieu, pour animer le zèle de ses disciples, leur a promis que l'Église deviendrait un jour Église *triomphante*, que le monde aurait une *fin*, que les bons seraient séparés des méchants, et que, tandis que ces derniers commenceraient une éternité de peines, les enfants de Dieu seraient enfin *récompensés* de leurs labeurs, et trouveraient le repos et le bonheur qu'ils n'ont pas cherché ici-bas. La mort elle-même sera vaincue, et Dieu sera tout en tout. — Tout cela est une image symbolique, dit Kant, et a un sens moral. *Diese Vorstellung einer Geschichtserzählung der* Nachwelt, *ist ein schönes Ideal der durch Einführung der wahren allgemeinen Religion bewirkten moralischen,* im Glauben vorausgesehenen *Weltepoche, bis zu ihrer* Vollendung, die wir nicht als empirische Vollendung absehen, *sondern auf die wir nur in* continuirlichem Fortschreiten *und Annäherung zum höchsten auf Erden möglichen Guten hinaussehen, das ist, dazu Anstalt machen sollen.* L'annonce de la fin prochaine du monde signifie qu'à chaque instant de notre vie nous devons nous regarder comme appelés à devenir citoyens du royaume de Dieu. — *Wann kommt nun also das Reich Gottes? — Das Reich Gottes kommt nicht in sichtbarer Gestalt. Man wird auch nicht sagen : Siehe hier, oder da ist es. Denn sehet,* das Reich Gottes ist inwendig in euch! (p. 196).

APPENDICE HISTORIQUE.

De l'influence de Kant sur la théologie.

La philosophie de Kant est complexe : elle renferme les germes d'une foule d'idées qui ne pouvaient se développer que séparément. On ne doit donc pas s'étonner de trouver peu d'hommes distingués parmi ses disciples proprement dits, et de ne leur voir rien produire de grand. Aussi ne nous occuperons-nous pas d'eux, mais des mouvements qu'occasionna ce système dans la philosophie de la religion et dans la théologie. Nous laisserons même de côté des penseurs qui, comme Krug et Fries, ont modifié la philosophie kantienne avec plus ou moins d'originalité, mais n'ont point exercé d'influence réelle sur les questions vitales de la science de la religion.

La Critique de la raison théorique est sans contredit la partie du système de Kant qui contient le plus d'éléments spéculatifs. Elle a été la source de la philosophie moderne, dont le principe, posé par Fichte, a pris dans les mains de Hegel un magnifique développement organique. Il y aurait une absurde prétention de notre part de vouloir en faire en quelques pages une critique complète. Nous ne pouvons indiquer qu'un point qui a trait aux rapports de cette philosophie avec celle de Kant. On ne saurait nier que ce mouvement idéaliste n'ait été légitime, en ce que l'esprit humain ne pouvait rester dans le criticisme sceptique, dans l'indécision systématique qui est le résultat du livre kantien. Mais ce que l'on peut et doit reprocher à cette philosophie postérieure, c'est d'avoir oublié le monde des *noumena.* Fatiguée de la prudente réserve du sage de Kœnigsberg, elle a proclamé la vérité objective du monde phéno-

ménal, elle y a placé son absolu : partant, plus rien d'inconnu, tout est pensée (*Begriff*); plus de substance, tout est force; plus de liberté, tout est le produit de la causalité phénoménale; plus de Dieu personnel, plus d'immortalité individuelle, tout est dans un flux incessant; plus de place réservée à la religion, à la loi morale, tout est de la logique.....
C'est Fichte qui a biffé le monde des *noumena*; ses successeurs, il faut l'avouer, n'ont guère fait que le suivre, sans se demander si cet esprit impétueux ne les conduisait peut-être pas dans une fausse voie. En tous cas, on ne saurait dire que la partie négative de l'hégélianisme soit une conséquence de la philosophie kantienne; bien au contraire, cette dernière en contient l'antidote, le *noumenon*, qui sans doute doit passer par plus d'une préparation avant de pouvoir servir de nos jours.

La Critique de la raison pratique succombe trop évidemment sous le poids de son dualisme, pour qu'elle ait pu servir de point de départ à un grand mouvement scientifique. Cependant, en vertu du syncrétisme qui semble régner de plein droit dans la philosophie morale, on y est venu puiser nombre d'idées qui aujourd'hui sont des lieux communs. — Les rapports de la loi morale et de la religion, unies intimement dans cet ouvrage de Kant, ont depuis été relégués d'un commun accord et avec un singulier aplomb parmi les questions qu'il est inutile de débattre.....

Kant n'a eu de grande influence directe sur la théologie que pour la question de la religion positive, historique, pour la critique du christianisme. Nous devons donc nous arrêter plus longtemps au rationalisme, dont il fut le père.

Le naturalisme de 1770 rejetait (comme contraires à la raison) et le contenu et la prétendue origine divine du christianisme. Le néologisme tout en modifiant, selon son bon plaisir, le fond de la religion historique, admettait, mais sans en donner de raisons, qu'elle est un fait divin, une autorité. — Kant prouva que la raison pratique doit considérer le dogme chrétien comme identique avec ses propres postulats. Toute la «Religion dans les limites de la raison» suppose cette iden-

tité; elle va si loin qu'elle ne permet pas d'en douter; elle *ordonne*
d'y croire. La valeur du contenu chrétien est donc sauvée, du moins
en apparence, et mise en harmonie avec la raison. Quant à la question de la révélation, Kant refuse à la raison théorique le droit de
la décider; il prétend rester sur ce sujet dans le juste-milieu, ne rien
rejeter et ne rien admettre. — Le candide Reinhold a rédigé dans cet
esprit une naïve confession de foi : *Die Gesundheit des Verstandes*
kündigt sich durch die gleich weite Entfernung von anmasslicher
Wisserei und Zweifelssucht, von Unglauben und Aberglauben. Für
den unbefangenen Freund der Wahrheit und des Rechts, ist das
Wahre im Skepticismus, der Abscheu vor der Einbildung; und inso-
fern ist er kein Skeptiker. Das Wahre im Naturalismus ist für ihn
der Abscheu vor Aberglauben, und insofern ist er kein Supernatura-
list. Das Wahre im Supernaturalismus ist für ihn der Abscheu vor
Unglauben; und insofern ist er kein Naturalist. Die theoretischen
Lehrgebäude dieser Secten aber werden von den Einverstandenen eben
so wenig unbedingt verworfen als unbedingt angenommen, etc. (*Ueber*
die Grundbegriffe und Grundsätze der Moralität, 1798, p. 163, *sqq.,*
cité d'après Rosenkranz, p. 393, *sq.*).

Un pareil juste-milieu est, on le conçoit, assez difficile à garder;
Reinhold lui-même ne s'arrêta pas longtemps à un éclectisme aussi
puriste, et Kant eut parmi les théologiens peu de disciples tout à fait
fidèles. L'esprit humain, qui n'avait pu supporter l'absurde négation du
naturalisme, ne pouvait pas davantage rester dans le doute et le scepticisme sur une question aussi capitale.

Les conservateurs de l'époque crurent trouver dans le système kantien
une planche de salut après le naufrage de leur orthodoxie. La Critique
de la raison théorique renversait, en effet, tous les arguments que les
athées et les naturalistes avaient dirigés contre les doctrines religieuses;
elle montrait l'impuissance de l'homme pour s'élever à la vérité, et semblait par conséquent établir la nécessité d'une révélation. Jung-Stilling,
ce bizarre auteur populaire, nous raconte, dans sa prétentieuse autobio-

graphie, l'enthousiasme que fit naître en lui la lecture de cet ouvrage.
On sait qu'il se servit même d'idées et d'expressions kantiennes pour
établir sa théorie sur le monde des esprits (*Geisterkunde*). — Sans doute
la Critique de la raison pratique et la Religion rationnelle refroidirent un
peu cet enthousiasme, et attirèrent même plus d'un anathème sur la tête
du vieux philosophe. Mais encore dans ces deux livres, Kant ne rejetait pas la révélation, et le *mal radical*, qui menaçait fortement la loi
morale, était un excellent argument en faveur de la faiblesse de la raison.
Il se forma donc sur une base semi-kantienne un système supranaturaliste, représenté surtout par Reinhard, et par l'honnête, savante et pieuse
école de Tubingue, dont les principaux chefs furent Storr, Flatt, Süs-
kind, Steudel. La raison humaine, dit ce supranaturalisme, se trouve
dans l'impuissance d'arriver à un système positif qui offre une garantie
assez solide pour les besoins religieux de l'homme. Il faut donc — ou,
pour le moins, il est possible — que Dieu révèle un pareil système. Cette
révélation est donnée dans le christianisme, dans la Bible, et la raison doit
se soumettre à tout ce qu'enseigne cette révélation. Steudel fait consister
le supranaturalisme dans la réponse affirmative à la question suivante :
*Erkennst du ausserhalb des dem Menschen mitgegebenen, aus ihm
selbst Entwickelbaren, noch eine geschichtlich dargebotene, glaubwür-
dige Quelle von Belehrung über göttliche Dinge an : so dass der
Inhalt dieser Belehrung als wahr angenommen wird, nicht weil sie
zu den, von der Vernunft durch sich selbst auffindbaren Wahrheiten
gehört, sondern weil sie von Gott als Gegenstand des Glaubens befrie-
digend beglaubigt wird ?* (*Stud. und Critiken*, 1828, p. 564, *sqq.*)

Le supranaturalisme cherche ainsi à établir, d'après des arguments rationnels, c'est-à-dire, par des motifs puisés dans le sujet, l'*autorité* objective
du système révélé. On pourrait croire qu'il veut retourner à l'ancienne
orthodoxie.... Mais il est évident qu'il en est bien éloigné : non-seulement il fonde l'autorité sur une base subjective, mais il accorde aussi
au sujet le droit de critique. En effet, le supranaturalisme peut bien
admettre que le dogme révélé est au-dessus de la raison, mais il ne peut

jamais soutenir (s'appuyant, comme il le fait, sur la raison) que ce qui est contraire à la raison puisse être révélé. La raison peut donc critiquer le contenu de la Bible et en rejeter tout ce qui lui est contraire. Les conséquences de ce système sont patentes; elles nous rappellent le néologisme et le Wolffianisme.... L'école de Tubingue dans son exégèse adopte les plus mauvais procédés de Semler (*Cf.* Strauss, *Streitschr. I*); dans sa dogmatique elle accommode la raison au christianisme et le christianisme à la raison; elle entasse contradiction sur contradiction. Steudel, par exemple, admet que Jésus-Christ n'était pas simple homme, qu'il existait avant son incarnation; il avait la conscience de dépendre de Dieu, *mais cette dépendance était volontaire!* (*Glaubenslehre*, p. 329-331.) — On ne doit pas s'étonner que le supranaturalisme soit bientôt devenu un *supranaturalisme rationaliste.*

Les conservateurs, les théologiens de Tubingue avaient cru trouver dans l'indécision systématique de Kant sur la question de révélation un argument en faveur de la faiblesse de la raison humaine et de la nécessité d'un système enseigné surnaturellement par Dieu. Mais Kant dans cette indécision penchait évidemment pour la réponse négative, car qui n'est pas pour la révélation est contre la révélation, qui la déclare inutile la rejette. Les rationalistes, dont les principaux chefs sont Rœhr, Wegscheider, Paulus, avaient donc mieux compris l'intime pensée du philosophe de Kœnigsberg. La religion naturelle fournie par la raison, disentils, suffit pleinement; les religions prétendues révélées doivent donc se soumettre à sa critique; elles ne sont pas révélées surnaturellement, elles sont contingentes. Bretschneider définit donc très-bien ce système, lorsqu'il dit : *Der Rationalismus ist die Denkart, nach welcher man an keine unmittelbare Offenbarung, sondern allein an die Wahrheit der philosophischen Religionslehre glaubt.... Charakter des Rationalismus ist, dass er das Christenthum als entsprungen aus dem menschlichen Geiste.... betrachtet.*

On conçoit que, pour trancher d'une manière aussi décidée cette question de révélation, il faut que le rationalisme ait passablement dévié du système kantien. En effet, avec la raison pratique on ne parviendra jamais qu'à rester indifférent pour la religion historique, et si l'on ne franchit les barrières élevées par la raison théorique entre le monde phénoménal et le monde des *noumena*, on ne pourra jamais nier la possibilité d'une révélation. Mais c'est précisément sur ce dernier point que les rationalistes sont en désaccord avec Kant. La raison théorique recouvre par eux les anciens priviléges que lui avait octroyés le parti des lumières. Le juge suprême en science et en religion c'est l'entendement, et cet entendement n'est autre chose que le bon sens, bien étroit et bien bourgeois (Voyez Hase, *Streitsch.*, I, 37, *sqq.*; III, 69, *sqq.*). Tout ce qui le dépasse (ainsi tout dogme spéculatif, ainsi la révélation) est rejeté, tout ce qu'il enseigne s'appelle rationalisme. Or, comme « la raison finira par avoir raison, » le rationalisme doit finir par vaincre..... Personne ne niera la prémisse; mais la conclusion? On ne l'obtient évidemment que par une équivoque.

Le premier axiome d'où part le rationalisme (et avec lui Kant et au fond le supranaturalisme et bien d'autres systèmes encore), c'est que le christianisme n'est que la religion enseignée par Jésus-Christ (*Religio Christi*). De la sorte, Jésus n'occupe plus de place *dans* sa religion, il n'en fait plus partie, il n'est que l'homme qui l'a enseignée; il y a le même rapport entre lui et le christianisme qu'entre un philosophe et son système. — Cependant, dès que l'on dit que tout dans l'histoire de Jésus-Christ est naturel, que le sage de Nazareth était un homme semblable à tous les autres et qui ne fut soutenu par aucun concours surnaturel, on tombe dans l'absurde; il devient impossible d'expliquer d'où vient le rang éminent et sans exemple que Jésus occupe dans l'histoire. Comme les rationalistes, évitant la ridicule négation des naturalistes, admettent que c'est Jésus qui a apporté la religion rationnelle, il faut bien reconnaître qu'il est le bienfaiteur de tout le genre humain, qu'il est au-dessus de tous les autres hommes, et on ne peut s'empêcher de se demander d'où lui vient cet honneur et ce privilége excessifs. — La seule réponse possible, c'est qu'il y fut prédestiné, c'est qu'il eut un secours surnaturel, c'est que sa nature avait une valeur surhumaine.... Mais dire cela, c'est sortir du système. Les rationalistes ne parlent donc des soins extraordinaires de la Providence à l'égard de Jésus, c'est-à-dire, en définitive de cette Providence miraculeuse, qu'en termes très-vagues; ils préfèrent cacher le faible de leur système, en prodiguant à l'homme Jésus tous les noms les plus élevés; ils l'appellent fils unique de Dieu, sauveur du monde, rédempteur, médiateur, le sage le plus sublime et le plus infaillible, *personam singulari, mirifico et unico cognationis quasi et familiaritatis cum Deo vinculo copulatam, plenam numine*, etc....: Vous vous croyez en pleine orthodoxie, lorsque vous entendez ce déluge de paroles. Mais ce n'est là qu'une phraséologie sans valeur; on prend même la peine de vous avertir, que chacun peut prendre ces expressions dans le sens qui lui convient le mieux....

. Le rationalisme, on le conçoit, ne peut admettre les miracles. Paulus les avait fait disparaître au moyen de l'explication naturelle inventée par Baruch Spinoza, dont il a publié les œuvres. Strauss ayant renversé par sa critique mordante ce système d'explication, Rœhr et d'autres rationalistes crurent devoir et pouvoir s'en séparer. Mais il est clair qu'ils se trompaient; s'ils veulent continuer à rejeter les miracles, il faut rester fidèle à Paulus, ou bien se jeter dans les bras du Fragmentiste ou de Strauss (Hase, *l. c.*, III, 100, *sqq.*). Mais le rationalisme ne peut accepter l'un de ces deux systèmes sans commettre un suicide.

Quant au contenu du christianisme, on l'adopte : Jésus n'a pu rien enseigner d'irrationnel, donc il était rationaliste.... Nous connaissons déjà ce genre de raisonnement, et il ne nous reste plus qu'à indiquer comment on parvient à lui soumettre l'histoire qui semble bien enseigner le contraire. Puisque c'est la *religio Christi* que l'on cherche dans le christianisme, il va sans dire que l'on rejette tout le développement ecclésiastique; on rejette l'autorité des apôtres qui ont pu ne pas rester fidèles à l'esprit du maître; on ne garde que les discours de Jésus. Si dans ces discours quelque chose choque le rationaliste, il peut choisir une interprétation forcée, ou bien la théorie de l'accommodation, ou bien encore prétendre que ces discours sont mal conservés.... Semler, on le voit, a fourni autant que Spinoza son contingent pour la formation de l'herméneutique du parti.

Par les procédés que nous venons d'indiquer, on arrive à la véritable religion de Christ, qui est identique avec la religion rationnelle. — Nous en avons deux exposés : l'un est la savante mais indigeste dogmatique de Wegscheider, l'autre est plus court et a Rœhr pour auteur. Ce prélat, ayant proposé à ses amis de se réunir en église, publia la confession de foi qu'il avait en portefeuille : *Grund- und Glaubens-Sätze der evangelisch-protestantischen Kirche* (2.ᵉ édit., 1834). Ce symbole rationaliste, devant réunir toutes les couleurs du parti, ne se trouve composé que d'expressions bibliques : *Es gibt Einen wahren, uns von Jesu Christo....*[1] *verkündigten Gott, dem, als dem vollkommensten aller Wesen, als dem Schöpfer, Erhalter und Regierer der Welt, und als dem Vater und Erzieher der Menschen und aller vernünftigen Geister, die tiefste Verehrung gebührt. — Diese Verehrung leisten wir ihm am Besten durch thätiges Streben nach Tugend und Rechtschaffenheit, durch eifrige Bekämpfung der Triebe und Leidenschaften unserer sinnlichen, zum Bösen geneigten Natur, und durch redliche, dem erhabenen Beispiele Jesu angemessene, allseitige Pflichterfüllung, wobei wir uns des Beistandes seines göttlichen Geistes getrösten dürfen. — Bei dem Bewusstsein des kindlichen Verhältnisses, in welches wir dadurch mit ihm treten, können wir in irdischer Noth mit Zuversicht auf seine väterliche Hilfe, in dem Gefühle unserer sittlichen Schwachheit und Unwürdigkeit auf seine, uns durch Christum gewisse [= verkündigte, = bekannt gemachte] Gnade und Erbarmung rechnen, und im Augenblicke des Todes einer unsterblichen Fortdauer und eines bessern, ver-*

---

1 Rœhr ajoute : *von J. C. seinem eingebornen Sohn.* Il est évident que c'est là une de ces expressions bibliques, un de ces termes dogmatiques que chacun peut entendre comme il veut. Rœhr, si nous en croyons ses lettres sur le rationalisme, y voit sans doute un synonyme de „ bienfaiteur de l'humanité, “ „ homme très-sage, “ etc.

geltenden Lebens gewiss sein. — *Wer diese Lehren gläubig annimmt und zur Richtschnur seines Denkens und Handelns macht, ist ein ächt evangelischer Christ....* [p. 70, *sq.* — Rœhr donne lui-même ce que nous citons comme résumé de la religion de Jésus. — Voyez le système biblique qui précède ce résumé, p. 64, *sqq.*, et les explications dogmat., p. 173, *sqq.*].

Nous avons là les trois postulats de Kant : *Dieu, vertu* (liberté) et *immortalité.* Ce qui fait que ces trois dogmes sont CHRÉTIENS, c'est que le premier a été *enseigné* par Jésus-Christ, c'est que pour le second Jésus-Christ peut nous servir d'*exemple*, c'est que le troisième a été *enseigné* par Jésus-Christ. — Otez cette *notice historique et littéraire* que Rœhr ajoute à son système, et ce système ne sera plus CHRÉTIEN. Pour moi je ne vois pas trop pourquoi on n'attacherait pas aussi bien le nom de Socrate, de Confucius, ou de tout autre sage à ce système banal, et pourquoi surtout Kant ou Rœhr lui-même n'auraient pas le droit de supplanter Jésus, puisque, s'il est vrai que Jésus est le premier qui ait enseigné la religion rationnelle, il est encore plus incontestable que ces deux penseurs sont les premiers qui l'aient enseignée *purement* et dégagée de tout alliage.

J'ai déjà dit que ces trois dogmes sont les trois postulats kantiens ; cependant il existe de petites différences entre la dogmatique de Rœhr et la Critique de la raison pratique. Par exemple, Kant avait basé tous ses postulats sur l'impératif catégorique, c'est-à-dire, sur le devoir de remplir la loi morale ; Rœhr dit que le but de toute religion, c'est l'*idée de l'amélioration ou de l'ennoblissement (Veredlung) morale de l'homme* (p. 175) ; outre le changement d'expression, il faut encore remarquer que Rœhr accorde ici un *but* moral à la religion, et n'en fait pas seulement un postulat nécessaire à la raison théorique. Ensuite, pour donner une couleur théologique au système, il appelle le second dogme « l'anthropologie » (p. 176) ; le troisième, qui concerne *die Beruhigung und Beseligung des Menschen* (p. 181), doit sans doute remplir le *locus* de la *sotériologie.* — Enfin, il est encore un changement beaucoup plus important, c'est que Rœhr qui, comme nous venons de le voir, a abandonné la sévérité de l'impératif catégorique, tombe pour le troisième dogme tout à fait dans l'eudémonisme, blâmé si sévèrement par Strauss (voyez plus haut page 100). Ce qu'il veut, malgré sa faiblesse et son indignité, c'est *Hilfe in irdischer Noth .... und im Augenblicke des Todes einer unsterblichen Fortdauer und eines* bessern, *vergeltenden Lebens gewiss zu sein.* — Je ne cite pas cette divergence d'opinions pour en faire un crime à Rœhr; je crois, au contraire, qu'elle prouve que chez lui le sentiment religieux n'est pas satisfait du « bâton de caporal de Kant. » Je ne veux montrer qu'une chose ; c'est que le rationalisme a été un Kantianisme affadi, il a conservé ce qui était postulé sans garder ce qui postulait; il s'en est tenu à la forme, après avoir abandonné le principe. On ne saurait donc dire que les rationalistes soient des disciples de Kant; mais il faut reconnaître que sans ce philosophe ce parti théologique n'aurait pu se former.

On a reproché avec raison au rationalisme son étroitesse et sa méconnaissance complète de ce qui n'est pas lui, c'est-à-dire, de toute l'histoire. Ce reproche peut être adressé également au frère du rationalisme, le supranaturalisme. Mais ce qu'on ne doit pas oublier, c'est que ces deux systèmes ont proclamé hautement que le christianisme est vrai, parce qu'il satisfait les besoins religieux de l'homme. La plupart du temps, sans doute, ils comprenaient mal le christianisme, ils n'en voyaient qu'une face; mais ils se sentaient toujours attirés par lui, et le rationalisme, à moins de cesser d'être lui-même, ne peut abandonner complétement la base historique de l'Église. Un autre principe dont nous sommes redevables au rationalisme, c'est que la religion chrétienne et la théologie ne se composent pas de faits juxtaposés ensemble, mais qu'elles sont un tout organique, et qu'une fois que le principe en est trouvé, tout doit en sortir logiquement. Tieftrunk déjà l'a dit : *die christliche Religion hat ein einziges und allgemeines Grundgesetz.*

De nos jours ces idées nous sont devenues tellement familières, que nous oublions que le néologisme ne les avait point encore formulées; voyant les inconséquences du rationalisme et le manque de sentiment religieux qui le caractérise, nous sommes ordinairement tentés de le condamner entièrement. Je crois avoir montré que nous lui devons cependant aussi de la reconnaissance.

Quant à Kant lui-même, nous n'irons pas davantage, en notre qualité de théologien, lancer l'anathème contre ce «père de l'incrédulité.» Que celui d'entre vous, dirons-nous à ses fanatiques adversaires, que celui d'entre vous qui est sans péché, jette le premier la pierre contre lui; que celui qui a trouvé la vérité absolue, qui est parvenu à mettre d'accord son cœur et sa logique, qui a fait cesser le dualisme de son être, qui sait accorder à Jésus dans son système la place qu'il occupe dans l'humanité et dans notre foi; que celui-là, mais celui-là seulement, s'approche et vienne dire au vieux sage de Kœnigsberg: tu es un impie! Mais si aucun de vous n'est arrivé à cette perfection, souffrez, je vous prie, que Kant ait pu se tromper comme vous. Allez d'ailleurs apprendre de cet homme qui, au milieu d'un siècle d'incrédulité et d'immoralité égoïste, sut proclamer la loi catégorique du devoir et retenir la foi en un Dieu saint; allez apprendre de Kant ce que vous avez peut-être oublié, que le devoir est obligatoire, parce qu'il est devoir. Oh! c'est là une vérité dure à entendre, et l'on aime mieux les douces rêveries et les poétiques accents d'un cœur sensible..... Mais malheur à la religion qui n'est qu'instinct, que tempérament. Un profond moraliste écrivait, il y a peu de semaines: «L'élément moral est le seul qui, transformant un fluide vague en un corps solide, puisse opérer, pour ainsi dire, la cristallisation du sentiment religieux. Toute religion où la conscience ne joue pas le rôle principal, n'est qu'une poésie ou un philosophème, et ne tarde pas à se perdre dans un panthéisme ouvert ou désavoué.[1]» Cette grande et sévère vérité Kant me l'a vivement rappelée; il m'a convaincu qu'une philosophie ne peut être vraie, ne peut être absolue, si elle ne s'appuie sur la loi mo-

---

1 M. Vinet, dans le Semeur, 1845, n.° 30.

rale dans tout son objectivité. Ma critique a pu blâmer la manière dont il a voulu expliquer et faire cesser le dualisme; mais je maintiens, et j'espère pour toujours, son principe moral; oui, c'est dans ce principe que je trouve un point ferme, solide, immuable au milieu du flux incessant de mon moi.

THÈSES.

1. La religion n'étant pour le système hégélien qu'une forme inadéquate de la philosophie, la critique dogmatique de Strauss est légitime,
et il peut bien dire : *Die Bezeichnung des Christenthums als der* absoluten Religion *ist dem Systeme widersprechend* (*Glaubenslehre I,* p. 181);
ou bien encore : *Die Vorstellung ist die Caricatur des Begriffs.* La
différence est en effet *réelle*, et ce qu'il y a d'inadéquat dans la religion,
c'est-à-dire, précisément ce qui fait qu'elle est religion, doit disparaître,
et tout se résoudra en philosophie.

2. Cependant, d'un autre côté, la religion *étant*, a le droit d'*être*, et
pas plus que le philosophe, dans le système hégélien, ne cesse d'être
artiste, pas plus que la pensée n'absorbe la poésie, la philosophie n'a le
droit d'anéantir la religion. La forme inadéquate de cette dernière, ou la
théologie, est légitime, et Strauss aurait dû rester théologien, c'est-à-dire,
sa critique est illégitime. La religion n'est pas plus la caricature de la
pensée pure (*Begriff*) que l'art ne l'est.

3. Il y a là une profonde contradiction dans le système hégélien, et
rien ne peut la faire cesser.

4. Les rationalistes tombent dans une grande inconséquence lorsqu'ils
admettent comme norme de leur foi et comme authentiques les discours
de Jésus-Christ, tandis qu'ils rejettent comme faux les actes les plus importants de sa vie.

5. Une autre inconséquence d'une certaine classe de rationalistes, c'est
d'enseigner que la théologie ou la religion a toujours marché d'une
manière progressive, et d'attaquer en même temps le système orthodoxe
en se fondant sur ce qu'il n'est pas conforme à la doctrine professée par
Jésus.

6. Le christianisme n'est pas *religio Christi*, mais bien *religio in Christum*.

7. S'il n'en était pas ainsi, ce serait la *doctrine* de Jésus qui serait le fondement du christianisme. Cette doctrine est ou purement humaine, ou divine, c'est-à-dire, révélée. — Dans le premier cas, pour peu que l'on croie au progrès de l'humanité, il faut dire que la doctrine de Jésus-Christ était très-inférieure à la nôtre; reste à expliquer d'où vient l'importance immense, infinie, qui dans tout le cours de l'histoire s'est attachée à ce nom. — Dans le second cas, l'idée d'un système dogmatique supérieur à la raison n'étant pas soutenable, on ne peut voir, avec Tindal (voy. p. 33 ci-dessus), dans le christianisme que *a Republication of the Religion of Nature*, ce qui donne la plus triste idée de l'impuissance de l'humanité.

8. Dans la formation de tous les dogmes la conscience chrétienne ne faisait autre chose que de postuler la valeur infinie de la personne et de l'œuvre de Jésus-Christ.

9. Le christianisme est un fait surnaturel qui ne saurait être expliqué par la marche de l'histoire, c'est-à-dire, qui n'a pas été produit par l'humanité.

10. Le christianisme n'est donc pas inné à l'homme; on ne naît pas virtuellement chrétien, comme on naît virtuellement philosophe, poëte, etc. Il faut un acte libre, un acte moral, un acte de la volonté pour devenir chrétien.

11. Dire que l'Église chrétienne est une association libre, ce n'est nullement méconnaître le caractère surnaturel du fait chrétien.

12. S'appuyer, comme on le fait si souvent, sur la nature divine de l'Église, pour lui refuser le caractère de liberté, c'est au fond proférer un blasphème.

13. Le **catholicisme** est le système qui identifie l'Église mystique (le christianisme) et une Église empirique, qui enseigne que la manifestation

(partielle) est adéquate à son principe, que le chef de l'Église visible est infaillible comme le chef de l'Église invisible. — La prétention à l'unité, à la pureté et à l'universalité en est une conséquence toute naturelle et nécessaire; l'exclusivité en est le caractère le plus frappant.

14. Pour ne pas tomber dans l'absurde, le catholicisme a cependant dû conserver la distinction entre l'action divine et les hommes qui en sont l'objet. Il a matérialisé la première dans le clergé, et assigné un rôle purement passif aux hommes en en faisant de simples fidèles. L'Église (visible) est donc distincte des fidèles et pourrait exister sans eux.

15. Toute doctrine qui distingue entre l'Église visible et les fidèles, qui met l'Église visible au-dessus de ses membres, tend vers le catholicisme.

16. Cette doctrine se retrouve dans la maxime immorale d'après laquelle on veut retenir (par force ou par ruse) dans le sein d'une Église constituée des hommes indifférents ou opposés aux principes de cette Église.

17. Le **protestantisme** est le système qui reconnaît une pluralité d'Églises visibles : toute manifestation de l'Église mystique (du principe chrétien) étant inadéquate, une pluralité de manifestations est légitime.

18. Cette définition implique la nécessité d'une réformation constante, et la légitimité de la formation d'une nouvelle Église lorsque les anciennes ne suffisent plus.

19. La *confession de foi* d'une Église est son drapeau. Il est impossible qu'une Église puisse subsister sans une confession de foi; cette confession existe en tout cas, quand même elle ne serait pas rédigée sur le papier.

20. L'Église étant susceptible de réforme, la confession de foi, qui est la formule de l'esprit de l'Église, peut aussi être modifiée.

21. Lorsqu'un membre d'une Église n'est pas satisfait de la confession de foi, et que les autres membres refusent d'accéder aux changements qu'il propose, il cesse *de facto* de faire partie de cette Église.

22. Il est ridicule de conserver une confession de foi tout en en faussant l'esprit par une interprétation forcée.

23. Il est également ridicule de vouloir conserver une confession de foi comme document historique pour justifier l'origine de notre Église; car, si nous n'avons plus les mêmes doctrines, cette justification de nos pères ne nous justifiera point.

24. Dans l'*état actuel de l'Église protestante* (en Prusse, par exemple) on peut distinguer trois partis principaux : les uns tiennent avec plus ou moins de conséquence à l'orthodoxie, à la doctrine de la Réformation et des symboles du seizième siècle; d'autres, rejetant ces symboles, prétendent en introduire un nouveau, conforme, selon eux, à l'esprit du siècle; un tiers parti enfin veut laisser subsister dans l'Église l'un à côté de l'autre, le symbole écrit et l'esprit du siècle.

25. Ce dernier parti prêche une *contradictio in adjecto*. Le second et le premier ont le tort de vouloir imposer à l'Église une doctrine repoussée par un grand nombre de ses membres; ils doivent donc se séparer : les orthodoxes garderont le nom de la confession de leurs pères qu'ils ont conservée, les hétérodoxes fonderont une nouvelle Église.

26. Les orthodoxes qui veulent chasser les rationalistes de l'Église n'ont donc pas tort.... Ils ne commettent un acte révoltant et immoral que s'ils prétendent hériter à eux seuls de tous les biens matériels et de la position nationale de l'Église actuelle; cette Église actuelle n'est nullement identique avec leur Église orthodoxe, mais embrasse au contraire tous les descendants des anciens protestants.

---

27. On entre et on sort librement d'une société religieuse. L'État ne peut donc avoir sur l'Église que les droits de police qu'il exerce sur toute association.[1]

28. Si l'État a pour but, comme on le dit généralement, de devenir la réalisation de l'humanité, il doit en effet absorber la vie religieuse; mais il doit alors aussi absorber en général tout le domaine de la liberté, toute la vie morale, ce qui est une monstruosité. — L'État

---

1 La police ne saurait être préventive.

n'a d'autre but que de rendre la liberté possible; il ne doit être qu'un simple *milieu*.

29. Toute théorie d'union de l'Église et de l'État méconnaît la liberté morale.

30. L'idée de l'État chrétien (*christlicher Staat*) ne peut provenir que d'une philosophie qui ne voit dans le christianisme qu'une institution à laquelle on n'adhère pas librement.

---

31. Pour que le sacrement soit efficace, c'est-à-dire, pour qu'il soit sacrement, il faut que de la part de l'homme il y ait un acte moral (la foi); sans cela le sacrement serait un acte *magique*, ce qui est contraire à la raison et à la morale.

32. *Le baptême des enfants* est donc un abus.

Si plus tard l'enfant devient croyant, il y a eu le grave inconvénient de scinder les deux parties du sacrement. — Si l'enfant au contraire ne devient pas croyant, il y a eu *au moins* un acte inutile.

33. On dira que le baptême des enfants a l'avantage de rappeler à l'Église ses devoirs envers l'enfant né dans son sein. Cela est vrai; mais cet avantage serait obtenu, sans qu'il y eût abus, si l'on *présentait* les petits enfants à l'assemblée de l'Église pour implorer la bénédiction de Dieu sur eux. On ne baptiserait que les personnes qui, parvenues à l'âge de raison, déclareraient vouloir être chrétiennes et adhérer au principe de l'Église.

34. Le baptême des enfants est devenu une malédiction pour l'Église: on fait entrer *forcément*, par le signe extérieur, dans le sein de l'Église des individus qui en grande partie ne lui appartiendront que nominalement et n'adhéreront jamais de cœur à ses principes.

---

35. *L'absolu* est nécessairement libre de toute condition, il n'est soumis à aucune loi logique (ou de causalité). — On ne saurait donc

le comprendre (*begreifen*); mais la raison le postule comme négation du fini. — L'absolu c'est la liberté; on peut donc dire, si l'on veut, que l'absolu est personnel.

36. *Un progrès infini* est une *contradictio in adjecto.*

37. L'idée d'un progrès infini est la conséquence nécessaire de tout système qui voit dans le fini la forme, la réalisation de l'infini. — En effet, cette réalisation ne peut jamais être complète, la distance entre le principe infini et sa réalisation finie est infinie.

38. L'Hégélianisme avec son idée de *Process* ne peut échapper à la théorie du progrès infini.

39. La possibilité du suicide suppose dans l'homme deux forces, puisqu'une force ne peut jamais s'anéantir elle-même. — L'une des deux forces détruit l'autre (la plus faible) et lui survit. — Pour la mort naturelle (la décomposition de l'organisme) ou la mort violente venant du dehors, on pourrait dire que c'est la nature [*das Allgemeine*] qui absorbe l'individuel, qui brise la forme inadéquate. Mais pour le suicide il est impossible de le prétendre; car quelle serait la différence entre la mort volontaire et la mort naturelle ? — Cette différence consiste en ce que le suicide est un acte libre, un acte de l'individu; c'est donc la force individuelle qui commet le suicide, et c'est elle qui survit à la mort. — La possibilité du suicide est une preuve de la continuation de l'existence individuelle après la mort.

40. La science et la foi, la critique et la théologie sont toutes deux autonomes et indépendantes. — Elles ne se contredisent d'ailleurs que lorsqu'elles sont dans une réalisation inadéquate; leur conformité est virtuelle, idéale.

TABLE DES MATIÈRES.

184

FIN.

www.ingramcontent.com/pod-product-compliance
Lightning Source LLC
Chambersburg PA
CBHW071946110426
42744CB00030B/600